英文法の考え方

開拓社
言語・文化選書
87

英文法の考え方

英語学習者のための認知英文法講義

野村益寛 著

開拓社

は し が き

　言語は何のために存在しているのだろうか？ 多くの人は，言語はコミュニケーションの道具だと答えることだろう。思考の道具だと考える人もいるかもしれない。思考とはあれこれ思いを巡らすことであり，コミュニケーションとは自分の思いを相手に伝えることだとしよう。この「思い」は，「意味」と言い換えてみることができる（「意」が「心」を含む点に注目したい）。そうすると，言語の存在意義は，意味を巡らし（形作り），伝えることにあると言える。この〈意味〉を表すために，人間が自らのさまざまな能力を基盤にして長い年月をかけて練り上げた道具が言語である。

　私たちがことばを使う上での道具立てとして，大きく分けて語彙と文法がある。文法とは，語彙と役割分担をしながら，話し手の思い（＝意味）に形を与えるための体系であり，小さな記号を組み合わせていって，だんだんと大きな記号を作ることを可能にする。すなわち，文法は，語彙と同様に，意味を表すために存在する。このような言語観に立つ認知文法（Langacker (1987, 1991, 2008)）の立場から，英文法の諸事項をどう考えれば，文法が表す意味の根底を貫く体系性に迫れるかを探るのが本書の目的である。英文法を無意味（無味乾燥）な規則の体系としてではなく，思い（＝意味）を形にするための仕組みとして理解することが，英語をよりよく知り，使いこなすのに最も役立つと信じるからである。

　本書の構成は以下の通りである。第 1 章で認知言語学・認知文法が文法というものをどのように見ているかについて概観したあと，第 2 章から第 14 章まで，名詞・冠詞，動詞が表す時制・アスペクト，法助動詞，ヴォイス（使役，受身），前置詞・句動詞，談話標識，情報構造について見ていき，第 15 章で本書の振り返りを行う。

　読者は例文をきちんと理解したあと，解説を読んでいただきたい。各例文には和訳を付していないが，例文の意味については必要に応じて本文中で説明してある。脚注では例文の出典を挙げるとともに，やや専門的な説明を補足してあるが，言語学になじみのない方は読み飛ばしていただいて構わない。各章末には，大学・大学院で英語学や認知言語学を専攻する学生の方向けに（主に日本語で書かれた）基本図書を挙げておいた。さらに，理解を深めたい方はそうした文献にも挑戦してほしいと思う。

　上で述べたように，本書は英文法の考え方を知ることを目的としているため，英文法全般にわたる網羅的記述については，次の定評ある英文法書にゆずる。

・江川泰一郎（1991）『改訂三版　英文法解説』金子書房
・安井稔（1996）『改訂版　英文法総覧』開拓社
・安藤貞雄（2005）『現代英文法講義』開拓社

　また，認知言語学の立場から書かれた英文法書にはすでに次のようなものがある。本書のアプローチに共感した方はこれらの本に進んでさらに英文法について考えていただきたい。

・池上嘉彦（1995）『〈英文法〉を考える』ちくま学芸文庫
・大西泰斗／ポール・マクベイ（2011）『一億人の英文法』東進ブックス
・田中茂範（2017）『増補改訂第 2 版　表現英文法』コスモピア
・Günter Radden and René Dirven（2007）*Cognitive English Grammar*. John Benjamins, Amsterdam／Philadelphia.

目　　次

辞書略号

本書では本文が見やすくなるように例文の出典は脚注にて表示する。出典を明記していないものは作例である。辞書からの例文は，以下の略号を用いる。それぞれ電子辞書版を用いている。

リーダーズ＝『リーダーズ英和辞典』第3版，研究社
新英和大＝『新英和大辞典』第6版，研究社
RH 大英和＝『ランダムハウス英和大辞典』第2版，小学館
ODE＝*Oxford Dictionary of English*, Second edition revised
OSD＝*Oxford Sentence Dictionary*
NOAD＝*The New Oxford American Dictionary*, Second edition
G 英和＝『ジーニアス英和辞典』第5版，大修館書店
W 英和＝『ウィズダム英和辞典』第3版，三省堂
O 英和＝『オーレックス英和辞典』第2版，旺文社
OALD＝*Oxford Advanced Learner's Dictionary*, 9th edition, OUP
LDOCE＝*Longman Dictionary of Contemporary English*, 6th edition
英和活用＝『新編英和活用大辞典』，研究社
OCD＝*Oxford Collocations Dictionary for Students of English*, Second edition
英英活用＝*Oxford Learner's Wordfinder Dictionary*
OID＝*Oxford IDIOMS Dictionary for learners of English*, Second edition
OPV＝*Oxford PHRASAL VERBS Dictionary for Learners of English*, Second edition
Activator＝*LONGMAN Language Activator*, New edition
新和英大＝『新和英大辞典』第5版，研究社
G 和英＝『ジーニアス和英辞典』第3版，大修館書店
W 和英＝『ウィズダム和英辞典』第2版，三省堂
O 和英＝『オーレックス和英辞典』新装版，旺文社

第 1 章　文法と意味

And grammar is the study of all the contrasts of meaning
that it is possible to make within sentences.
　　　　　　　　　　　　　　　　—David Crystal[1]

1.　文法とは何か？

　ベルベットモンキーという霊長類がアフリカに棲息している。彼らは敵の出現を察知すると，警戒音と呼ばれる鳴き声を発し，仲間に危険を知らせ，危険回避のための行動をとるよう促す。警戒音には，敵がヒョウ・ワシ・ヘビかに応じて3種ある。[2] 仲間たちは，ヒョウの出現を告げる警戒音を聞くと木の上へと逃げ，ワシの警戒音に対しては空を見上げ，ヘビの警戒音が発せられると二本足の姿勢で地面を見下ろす。

　私たちもさまざまな危険を仲間に知らせることがある。イソップ物語の「オオカミが来たぞ！」のようなものから「猛犬注意」，「落石注意」，（トイレ掃除の際の）「まぜるな危険」，（スプレー缶の）「火気と高温に注意」，「振り込め詐欺にご注意！」といった日常目にするものまでさまざまある。こうした危険を知らせるのに，一つの音をあてることにしよう。たとえば，「オオカミが来たぞ！」は「アー！」，「車が来たぞ！」は「イー！」，「あらしが来たぞ！」は

---

[1] David Crystal (2007) *The Fight for English*, OUP, p. 97
[2] http://web.sas.upenn.edu/seyfarth/vocalizations/vervet-monkey-vocalizations/
にて実際の警戒音を聞くことができる。

「ウー！」，「ゴジラが来たぞ！」は「エー！」…。このやり方だと，日本語の場合，50種類弱の危険を仲間に伝えることができることになる。ベルベットモンキーの3種類よりは多いが，私たちが伝えたい危険はとても50種類にはとどまらないはずである。それだけではない。私たちがことばを使うのはなにも危険を知らせるためだけではない。心に浮かぶさまざまな思いを私たちはことばを使って表そうとする。そうすると，一つの思いに一つの音をあてるやり方では，伝えることができるメッセージの数は自ずと限られてしまう。人間が発音し分け，聞き分けることができる音の数はたかだか数十に限られているからだ。

たとえば，私たちが発音することができる音の数が10だとしよう。もし，音一つずつにメッセージを対応させると，10個のメッセージしか伝えられないことになる。一方，この10個の音を使って語を作るとし，一つの語が（d-o-g, c-a-tのように）三つの音からできているとすると，10×9×8＝720の語ができあがる。10個に比べて飛躍的に増えたが，心に浮かぶ思いをすべて一つの語だけで表現しようとすると720種の思いしか伝えることができず，この世界の森羅万象について語るにはとうてい足りない。そこで，私たちが編み出した戦略は，心に浮かんだ思い全体を部分に解消し，手持ちの単位を組み合わせて複合的な表現を作ることによって，もとの全体をなんとか再現しようとすることであった。たとえば，〈オオカミが来たぞ！〉という思いを「アー！」という音や「ピケニ！」という語を使って表す代りに，「オオカミ」「が」「来」「た」「ぞ」という単位を用いて表すわけである。私たちがこのような方法を編み出した結果必要となったのが，小さな単位を組み合わせて文のような大きな単位を作る仕組み——すなわち，「文法」である。

一番小さな単位として「語」を思い浮かべる人が多いと思うが，語はさらに「形態素」という「意味を表す最小の単位」からできている。たとえば，catsという語は，〈ネコ〉を表すcatという形態素と，〈複数〉を表す-sという形態素からなっている。-sはそれだ

けでは語にはならないが，cat は形態素であるとともに語でもある。この cats に love という動詞を組み合せると，love cats という「句」と呼ばれる単位（動詞 love を中心としたまとまりなので動詞句という）が生まれる。それに主語を加えた I love cats. という主語 – 述語からなる単位を「節」という。節は一つだけでも「文」になれるが，I love cats, but they are a nuisance to look after.（英和活用）のように節を重ねて文を作ることもできる。このように，形態素 < 語 < 句 < 節 < 文のように小さな単位から大きな単位を作っていく仕組みが「文法」というわけである。

　この文法には，「オオカミが来たぞ！」「車が来たぞ！」「あらしが来たぞ！」「ゴジラが来たぞ！」から「オオカミ」「車」「あらし」「ゴジラ」の共通性を見てとって「名詞」という品詞としてまとめあげること，「オオカミが」「車が」「あらしが」「ゴジラが」の共通性を見てとって「主語」という文法関係としてまとめあげること，さらには「主語 – 述語」という構文としてまとめあげることなどが含まれる。話し手の〈思い〉が〈意味〉を表す限り，その全体に部分を組み合せることによって近似しようとする仕組みである文法も意味を造形するのに貢献しているはずである。以下では，このことをもう少し具体的な英語の例で見てみよう。

2.　文法の存在意義

　coast と shore は英和辞典をひくと共に「海岸」という訳語が載っている。つまり，両者とも〈海と陸が接する地帯〉を指すという点では同じである。では，coast と shore は同義語（＝同じ意味をもつ語）と言えるだろうか？

　同義語の基準として，二つの語をいかなる文脈においても交換して用いることができるというものがある。たとえば，ハリエニシダを表す furze と gorse はそのような同義語とされる（Murphy (2010: 111)）。では，coast と shore はどうだろうか？　次のペアを見てみ

よう。[3]

(1) a. We will soon reach the coast.
   b. We will soon reach the shore.

このペアの（1a）は陸路，（1b）は海路の旅を表す。つまり，このペアでは，coast と shore を交換すると文の意味が変わってしまう。このことは，coast と shore は同義語ではないことを示す。同様に，次のペアにおいて from coast to coast は陸路，from shore to shore は海路の旅を表し，これらを入れ替えて用いることはできない。[4]

(2) a. The bus trip from coast to coast takes two days.
   b. It's weird that pirates would go from shore to shore looking for buried treasure when the real treasure was in the friendships they were making.

このことは，同じ〈海と陸が接する地帯〉を，coast は陸と繋がったものとして捉えているのに対し，shore は海と繋がったものとして捉えていることを示す。すなわち，coast と shore の意味の違いは，これらの語が指し示すものの違いではなく，指し示すものをどのように捉えるかという"捉え方"の違いにあると考えられる。

このことは，furze と gorse のような術語など特殊な場合を除き，一般に完全な同義語は存在しないことを示唆する。すなわち，次の原則が成り立つ。

(3) 語の形が異なれば，その意味も異なる。

さて，これまでは語レベルの話だったが，文法レベルの話に移ろ

---

[3] （1）は Fillmore (1982: 121) より。
[4] （2a）は英和活用，（2b）は Google 検索より。

う。次のペアを見てみよう。[5]

(4) a.　We ran around the oval.

　　 b.　We had a run around the oval.

(5) a.　She looked at him.

　　 b.　She gave him a look.

　これらにおいて，動詞 run が動詞句 have a run，動詞 look が動詞句 give ... a look とペアになっていて，同じ意味を表しているように見える。しかし，これらのペアはいつでも交換して用いることができるわけではない。期間を示す表現を後ろにつけると次のように容認性の差がでる。[6]

(4′) a.　We ran around the oval until the rain began.

　　　b. *We had a run around the oval until the rain began.

(5′) a.　She looked at him all day.

　　　b. *She gave him a look all day.

　このことはこれらのペアが交換関係にないことを示す。すなわち，run や look を動詞として使った場合と，それらを名詞として使った動詞句 have a run や give ... a look とでは意味が異なると言える。

　今度は，もう少し大きな文レベルの現象の例として，能動文と受身文のペアについて考えてみよう。[7] 能動文を受身文にいつでも書き換えることができるのなら，能動文と受身文は同義文であることになる。ところが，片方しか使えない場面もある。次の例の (6B) のせりふで，(a) の受身文と (b) の能動文を用いるのでは，どち

---

　[5] (4), (5), (4′), (5′) は Dixon (2005: 469-470) より。

　[6] 本書では，容認不可能な表現には *，やや不自然な表現には ? をつけることにする。

　[7] (6) は Declerck (1991: 212) より。

らのほうが自然だろうか？

(6) A: What happened to that car?
    B: a. It was hit by a falling tree.
       b. A falling tree hit it.

答えは、(a) の受身文のほうである。片方しか用いられない場面があるということは、この二つが同義文ではなく、意味の違いがあることを示す。

　能動文と受身文の違いとして、まず語順の違いがある。能動文の主語が受身文の by の目的語になり、能動文の目的語が受身文の主語になる。また、受身文には能動文にはない助動詞 be、過去分詞 -ed、前置詞 by が含まれる。こうしたことは、文法関係（主語、目的語）、機能語（助動詞、前置詞、過去分詞）、さらには、能動文・受身文という構文全体が意味の違いを生み出していると言える。

　上で見た (4)–(6) の例から、次のことが成り立つと考えられる。

(7)　文の形が異なれば、その意味も異なる。

　これを (3) と合わせると、語レベルにおいても、句・文レベルにおいても次の原則が成り立つと言える。

(8)　形が異なれば、意味も異なる。

　1 節で見たように、語を組み合わせて句や文のような大きな単位を作る仕組みが文法であった。つまり、文法が句・節・文の形の違いを生み出すのである。(7) にあるように、句・節・文の形の違いが意味の違いに結びつくのなら、意味の違いを生み出すのが文法であるということになる。すなわち、文法は形の問題だけではなく、意味を表すと考えることができる。

(9)　文法は意味を表すために存在する。

　文法はコミュニケーションには不要だとしばしば言われるが、コ

ミュニケーションが意味のやりとりである限りにおいて，意味を表すために存在する文法がコミュニケーションと無関係なはずはない。文法なしには私たちは限られた数のメッセージしか生み出すことができず，その結果，細やかな意味の違いも表せないことになる。文法こそが，さまざまな思いを形にして相手に伝えるという人間らしいコミュニケーションを可能にする。その意味で，文法は私たちの生き方に深くかかわっているとさえ言える。

　このような視点に立ち，次章から英文法が表す意味について考えていこうと思う。

〈基本文献〉
　野村益寛（2014）『ファンダメンタル認知言語学』ひつじ書房

第2章 可算・不可算名詞

多くの学習英和辞典では，名詞の項に $\boxed{C}$, $\boxed{U}$ という表示がついている。たとえば，次のような具合である（ジーニアス英和辞典第5版より）。

†cat¹ /kǽt/
――名 (複 ~s/-s/) ❶ □ ネコ(猫)；[[動]]ネコ科の動物 [関連形容詞 feline] ‖ 'an alley [a street] cat のらネコ / I have a cat. 私はネコを飼っている / He is a cat person. =He likes cats. 彼はネコ好きだ / Lions belong to the cat family. ライオンはネコ科の動物だ / the big cats 大形ネコ科動物 (lion, tiger など) / When the cat's away, the mice will play. 《ことわざ》ネコのいない間にネズミが遊ぶ〔「鬼のいぬ間に洗濯」〕/ (Even) a cat may look at a king. 《ことわざ》ネコでも王様が見られる；卑しい人にも相応の権利がある。[語法] (1) 英米でもイヌとともに代表的なペット。(2) A cat has nine lives. 《ことわざ》ネコには命が9つあるといわれ，執念深く長寿とされる。関連: Care killed the cat. 《ことわざ》〔しぶといはずの〕ネコも心配のために死んだ；「心配は身の毒」。(3) 魔女を運想させ，子知能力があるとされる。(4) 鳴き声は mew,「のどを鳴らす」は purr. (5)「雄ネコ」は he-cat, tomcat,「雌ネコ」は she-cat,「子ネコ」は tabby,「三毛ネコ」は tortoise(-)shell cat,「赤茶色のネコ」は ginger cat;「子ネコ」は kitten,「ネコちゃん」《小児語》は pussy. (6) エジプトでは神聖，キリスト教では好色・怠惰の象徴。 ❷ □ 《やや古風》《男性を指して》やつ，野郎 ❸ □ ネコの毛(皮)。 ❹ □ 《やや台略》意地悪女，陰口をいう女 ‖ She's a real catty. 彼女は本当に性悪な女だ(= She's really catty.)。 ❺ □ ナマズ。 ❻ □ [the ~] [海洋] a) 《いかりをつりあげる》吊錨索(-)。 b) □ 本のマストの小帆船。 ❼ [the ~] =cat-o'-nine-tails. ❽ □ 《主に米》棒打ち遊び(tipcat)用の(先細の)棒。

†air /éər/ [画音] heir, err 《米》[原義: かすみ, 地表の大気]
――名 (複 ~s/-z/) ❶ □ 空気, 大気 (◆ atmosphere は地球を囲む大気) ‖ currents of air 大気の流れ / get some fresh air 新鮮な空気を吸う / I put some air into my tires. タイヤに空気を入れた / She opened the door and let in some air. 彼女はドアを開けて空気を入れた / The air is thin [cool, crisp]. 空気が薄い[ひんやりしている, さわやかだ]。 ❷ □ [通例 the ~] 空中, 空虚；(特定の場所の)空気, 外気 (◆ in moist air (湿った空気中で)のように形容詞がつくと the が省略されることもある) ‖ through the air 空中に広がって / Stars filled the night air. 夜空を星が埋め尽くした / breathe in the sea [mountain] air 海[山]の空気を吸い込む。 ❸ □ [形容詞的に] 飛行機の；航空機の ‖ air travel 飛行機旅行 / an air attack 空襲。 ❹ □ [単数形で] (人・物の特徴的な)様子(appearance), 雰囲気, 態度 ‖ He has an air of mystery. 彼は謎めいた雰囲気を持っている / do things with 'an air of confidence [a confident air] 自信に満ちた態度で物事をする。 ❺ [~s] 気取った態度, えらそうなふるまい ‖ 'put on [assume, give oneself] airs 気取る, 見栄を張る；お高くとまる / airs and graces 《英》お高くとまった態度。 ❻ □ 《やや雅》旋律；(歌の)曲，歌 (aria)。 ❼ the ~] □ エアコン(air-conditioning)。 ❽ □ 《放送》[the ~] 電波；ラジオ[テレビ]放送。 ❾ □ (意見などの)公表, 公開, 知られること ‖ give air to one's grievances 不平不満を公に言う。 ❿ □ 圧縮空気(compressed ~)。

$\boxed{C}$ は可算名詞 (countable nouns), $\boxed{U}$ は不可算名詞 (uncountable nouns) を表している。可算名詞は，不定冠詞 a をとり，複数の語尾 -s をつけることができるのに対して，不可算名詞はそれができない。たとえば，a cat, cats とは言えるが，空気を表す air につ

いては an air, airs とは言えない。

　不定冠詞 a がつくかどうかなんて小さな問題で，コミュニケーションにはたいして影響しないと思う人もいるかもしれない。アメリカ人女性が紹介している，夫（日本人）と娘（アメリカ育ち）との食卓での会話を見てみよう。[1]

　　(1)　夫：　Do you want a chicken?
　　　　娘：　Huh???　I thought we 'can't' have pets in this
　　　　　　　apartment?

食卓で夫は娘に鶏肉を勧めたつもりだったが，chicken に不定冠詞 a をつけたことによって，鶏肉ではなく，ニワトリ一羽の意味になってしまい，「ニワトリを（ペットとして）飼いたいかい？」と聞いていると娘に受け取られてしまったわけである。こうなると，可算名詞・不可算名詞の区別は，コミュニケーションをする上で無視できない違いをもたらすものと言える。

　こうした文法的な振る舞いの違いを伴う可算名詞と不可算名詞の区別は，日本語の名詞にはないため，日本人英語学習者にとってその習得は難しい。本章では，このように日本人にとっては難しい可算・不可算名詞の意味の違い，使い分けについて見ていくことにする。

1.　可算名詞・不可算名詞とは？

　公園に出かけると，さまざまなものが目に入る。澄んだ空気の中，ひなたぼっこをしながらベンチに座る老人。こっちでは砂場で遊ぶ子どもたち。バケツにくんだ水を使って何やら砂で作ってい

---

[1]　(1) はシグリッド・H・塩谷（2000: 137）より。ピーターセン（1988: 10）もアメリカでホームステイ中の日本人の友人からもらった手紙の中にでてきた "Last night, I ate a chicken in the backyard." という文を取り上げている。

る。向こうではブランコに乗る子どもたち。公園の隅の植木には猫が隠れている。私たちは，目に入る子どもを一人，二人，ベンチを一基，二基，猫を一匹，二匹，と数えることができる。ところが，空気や砂場の砂，水は数えられそうにない。実際，child, bench, cat は可算名詞，air, sand は不可算名詞となるのがふつうである。

可算名詞，不可算名詞とは，文字通りにはそれぞれ「数えられる名詞」，「数えられない名詞」を意味することは明らかだろう。このうち，「数えられる」はなんとなくわかるが，「数えられない」とはどういうことだろうか？ 確かに，砂や水は，一つ，二つ，… とは数えられない。しかし，何グラム，何リットルのように量ることはできるだろう。そうすると，可算名詞・不可算名詞の意味するところを次のようにまとめることができそうである。

(2) a. 可算名詞： 〈数える〉対象を表す。
b. 不可算名詞： 〈量る〉対象を表す。

それでは，猫は数えられる対象に，砂は量る対象になるのはなぜだろうか？ どのようなものが数えられる対象となり，どのようなものが量る対象となるのだろうか？ 次の節ではこれについて考えてみよう。

2. 〈数える〉・〈量る〉対象とは？

大きな箱の上面に穴があいていて，そこから手を入れて，中にはたして何が入っているか当てるゲームをするとしよう。猫が入っていた場合，どうしてそれが猫だとわかるだろうか？ まずはフワフワした毛の手触りが大事な手がかりを与えてくれるだろう。でもそれだけでは猫だと特定するには不十分なはず。では，どうするだろうか？ おそらく，全体の形を探ろうとすることだろう。猫は次のような特徴的な，固有の形をしている。

　この特徴的な形こそが猫が猫だとわかることを可能にすると言える。特徴的な形があるということは，猫の部分と猫でない部分を区切る輪郭（境界線）があるということであり，その結果，一匹，二匹 ... のように数えることができるわけである。猫が二匹じゃれて遊んでいたら，いつのまにか二匹の形が融合し，大きな一匹の猫になっていた，などということは起こりえないし，猫の一部（たとえば，尻尾や耳）を取り出してきたら，もはや猫らしい形が失われているので，猫とは言えないことになる。

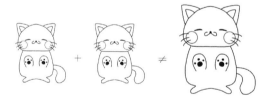

　今度は，上と同じゲームで箱の中に水が入っているとしよう。手を入れると，冷たさや（ぬめぬめではなく）さらさらした手触りが感じられる。その感覚は，箱の中で手を動かしてどの部分に触れても変わらないはずだ。その一方で，猫の場合とは違って，水の場合は，手全体を使って形を探るようなことはしないだろう。指一本入れるだけで水だとわかるはずである。すなわち，水が水だとわかるのは，〈特徴的な形〉ではなく，「冷たさ」や「さらさら感」などの

〈特質〉によると言えそうである。[2] すなわち，水は，特徴的な形を
もたず，一定の特質によって特徴づけられる物質，言い換えると，
内部が均質な物質を表すと言える。水には，猫と違って，水らしさ
を示す特徴的な形がないため，コップに入れればコップの形をと
り，プールに入れればプールの形をとることになる。また，コップ
からスプーンで水をすくったとすると，スプーンの中のものも水だ
し，コップに残っているものも同じく水である。また，スプーンの
水をコップに戻しても，水の量は増えるが，数が増えることはな
い。

　一般に，モノを数えるためには，それ自身が数えるための非連続
的な単位を構成していなければならない。それには，それとわかる
特徴的な形をしていることで周囲と区切られている必要がある。区
切りがあるから初めて一つ，二つと数えられるわけである。可算名
詞とは，そうしたモノを表すと言える。この条件を満たす cat は，
可算名詞となる。これに対して，数えるための単位をそれ自身で構
成していないモノは外から尺度をあてがって量るしかない。水はそ
うした存在であるため，water は数えることはできず，不可算名詞
となる。

　以上をまとめて，(2) を修正すると，次のようになる。

(3) a. 可算名詞：特徴的な形をもつモノを表し，〈数える〉対
　　　　象となる。
　　 b. 不可算名詞：特徴的な形をもたず，内部が均質な物質
　　　　を表し，〈量る〉対象となる。

　以下，可算名詞，不可算名詞についてそれぞれもっと詳しく見て
いこう。

---

[2] 見渡す限り水平線しか見えない太平洋の真ん中に放り込まれたとしても，自
分が「水」に囲まれていることはわかるはずである (cf. Langacker (2008:
107))。

3.　可算名詞

　上で見た（3a）の特徴をもつ次のような名詞が典型的な可算名詞となる。

　　(4)　cat, book, cup, pencil, apple, lake, cloud, etc.

では，次の例を見てみよう。[3]

　　(5)　a.　The car hit a bump on the road.
　　　　b.　The dog had dug a hole in the ground.
　　(6)　a.　Ben is always there when I need a shoulder to cry on.
　　　　b.　Cancer is a constellation with few stars, none brighter than 4th magnitude.

これらの名詞は，(4) の名詞に比べるとあまり形がはっきりしているとは言えないが，不定冠詞 a がついていることから，いずれも可算名詞として用いられていることがわかる。(5a) の bump は「でっぱり」を表すが，でっぱりと平坦な部分の境目はそんなにはっきりしない。山（mountain）も同様で，山のふもとがどこで終わるのかをはっきりさせるのは難しいはずである。これらが可算名詞として用いられているということは，私たちが頭の中で次のようにいわば補助線を引いて，形を定めているからだと考えられる。この頭の中で補助線を引くというのも第 1 章で見た「捉え方」の問題である。

---

[3]　(5a), (6a) は LDOCE，(5b) は ODE，(6b) は OSD より。

14

　(5b) は「穴」を指す。穴自体は空っぽなので形をもつとは言いにくいが，これも上の bump 同様に補助線を引いて形を定めていると言えよう。

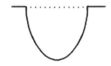

　bump と hole は補助線を 1 本引けば形になったが，(6a) の shoulder となると全体を補助線で囲むことによって，首，腕，胸，背中との境界線を作ると言える。補助線を引くと言えば，(6b) の constellation（星座）がわかりやすい例だろう。星座自体は夜空に散らばる星の集まりだが，補助線を引くことによって蠍や獅子などの形ができあがるわけである。

　このように考えると，(5)，(6) の名詞も (4) に準じて特徴的な形をもち，空間において他から区切られていると考えることができ，可算名詞として用いられることが理解できる。

　今度は，下の例を考えてみよう。[4]

　(7) a.　She lived at a time when women were not expected to work.

　　　b.　a silence so long that it was almost eerie.

　　　c.　There was a beep as an elevator door opened.

　　　d.　There was an earthquake about a week ago.

　これらの名詞も不定冠詞 a をとっていることから可算名詞として用いられていることがわかる。しかし，これらは目に見える特徴的な形をしているとはとうてい言えないだろう。では，どうしてこれらの名詞は可算名詞となっているのだろうか？

---

　[4]　(7a, d) は LDOCE，(7b) は OCD，(7c) は OSD より。

　今まで見てきた可算名詞は (5) のように空間的に区切られて，特徴的な形をもっているものを表していた。一方，(7) で用いられている名詞は，空間的ではなく，時間的に区切られた出来事を表していると言えそうである。たとえば，(7a) だと，女性が外で働くものとみなされていなかった時代ということで，いつからいつまでという形で時間的に区切りが入れられている。(7b) も時間的に区切られた沈黙の状態を表している。これに比べて，(7c, d) の beep や earthquake は音や揺れという具体的な出来事を表すが，鳴り始めから鳴り終わり，揺れ始めから揺れ終わりまで時間的に区切られている点では同様である。このように時間的に区切られている出来事は，1 回，2 回，… と回数を数えることができるようになる。そのため，ある出来事が何度もあった場合は，次のように time を複数形にして用いることができることになる。[5]

(8)　There are <u>times</u> when I wonder why I do this job.

こうした時間的に区切られた期間・出来事を表す名詞として次のようなものがある。

(9)　time, moment, minute, hour, month, year, century, beep, flash, shout, birth, explosion, earthquake, silence, etc.

そうすると，空間的に区切られたモノを表す (5) のような名詞

---

[5] (8) は OALD より。典型的な複数形は，モノが同一の場所・時間に複数存在することを表すが，モノが異なる場所・時間に分散して存在することを複数形で表すことがある。その場合，複数形は個数に加えて，回数の複数性の意味も帯びることになる (cf. 池上 (2007: 174-175))。Iris R. Dart 原作，Bette Midler 主演の Beaches（邦題『フォーエバーフレンズ』）というアメリカ映画があった（1988 年公開）。この複数形の beaches は，二人の女性が子どものとき出会ったアトランティックシティーの海辺から，片方が死を迎えるカリフォルニアのカーメルの海辺まで，二人が過ごした異なる場所・時間の海辺を指している。

のほかに，時間的に区切られた（9）のような名詞も可算名詞として使えることとなるので，（3a）を（10a）のように修正する必要が生じる。

(10) a. 可算名詞： 空間的に区切られたモノや時間的に区切られた出来事を表し，〈数える〉対象となる。

　　 b. 不可算名詞： 特徴的な形をもたず，内部が均質な物質を表し，〈量る〉対象となる。

4．不可算名詞

　「空間的ないし時間的に区切られたモノは数える対象となれる」という考え方は，比較的理解しやすいだろう。私たちにとってむしろ難しいのは，英語においてどのようなものが「数えられない」と捉えられているかを理解することのほうである。

　先に不可算名詞の例としてあげた water は，確かに内部が均質で，特徴的な形をもたないため，数えようがないように思われる。ところが，不可算名詞の中には，rice, sand, salt などのように数えられそうなものも含まれている。特に，米は日本人なら 1 粒，2 粒，… と数えたくなるので，可算名詞として a rice, two rices のように言いたくなるが，英語では rice は，米びつから米を 1 合，2 合と計量カップで炊飯器に移すとき，あるいは炊飯器からしゃもじでお茶碗によそうときのように，量る存在とみなされ，不可算名詞として扱われる。

　このことは，物理的にみれば「空間的に区切られた物」から構成されたものであっても，心理的に「特徴的な形をもたず，内部が均質な物質」とみなされ，不可算名詞となる場合があるということを示唆する。では，どのような場合にそうなるのだろうか？

　最も重要な要因が物理的な大きさである。粒が小さければ小さいほど，粒の一つ一つがもつ個性は失われ，均質な物質とみなされや

すくなるからだ。その結果，数える対象というよりは，量る対象と
みなされ，不可算名詞として扱われることになる。粒の小さい順に
左から並べられた次の単語を見てみよう。

(11) a.　flour < rice << pea < onion
　　 b.　sand < gravel << pebble < stone < rock < boulder

　言語によって可算・不可算の境目は変わるが，右へ行くほど粒が
大きくなり，可算名詞となりやすく，左へ行くほど粒が小さくな
り，不可算名詞となりやすいという傾向が知られている。[6] 英語の
場合，「<<」のところに境目がきて，それより左側の名詞（(11a)
だと flour, rice）が不可算名詞，右側の名詞（(11a) だと pea,
onion）が可算名詞となる。

　可算・不可算名詞を決める要因は，物理的な大きさだけではな
い。用途ということが関係しているのが，furniture, crockery,
stationery, cutlery, baggage, garbage などの名詞である。これら
は名詞が指し示す個々の物は物理的にはかなり大きいにもかかわら
ず，不可算名詞に分類される。たとえば，furniture（家具類）は，
椅子・テーブル・ソファー・ベッドなどから構成されるが，不可算
名詞（cf. much furniture vs. *many furnitures）である。どうして
このような大きな物を指す名詞が不可算名詞になるのだろうか？
これは，個々の構成要素は「家具」として同じ用途（＝室内に備え
付け，快適に居住できるようにする）を果たすため，均質な存在と
して捉えられるからだと考えられる。water がどの部分を取り出し
ても「水」だったのと同様に，furniture についても椅子をとってき
ても，テーブルをとってきても「家具」の働きをすることに変わり
なく，内部が均質と考えられるというわけである。同様に，gar-
bage には，生ゴミもあれば，紙ごみも，プラスチックごみもある

---

[6] Wierzbicka (1988: Ch. 10) 参照。この論文では，可算名詞・不可算名詞とい
う二分法を越えて，もっと詳細な名詞の分類を提案している。

が，〈不要で捨てるべきもの〉という点では均質であるとみなされるので，garbage は不可算名詞となる。

5.　可算名詞 ⇄ 不可算名詞

　客観的には同じ対象であっても，数える対象と捉えることもできれば，量る対象と捉えることもできる場合がある。たとえば，人間は 1 人，2 人，… と数える対象だと誰もが思うだろう。ところが場合によっては量る対象となることもある。ハンナ・アーレントは，『全体主義の起原』(*The Origins of Totalitarianism*) の中で，ナチス時代のユダヤ人収容所について「誰かが死ぬのは，組織的な拷問もしくは飢えに堪えられなかったからかもしれないし，あるいは収容所が一杯になりすぎていて，物質としての人間の量の超過分を処分しなければならなかったからかもしれない」(傍点筆者) と述べている。[7] これほど極端でない例として，エレベーターに今度乗る機会があったら，前の表示板に何と書いてあるか観察してみてほしい。定員 9 名，積載 600kg と書いてあったとしよう。このとき，あなたは 9 名という数える対象となると同時に，600kg という量る対象ともなっているわけである。

---

[7] 翻訳は，仲正昌樹『100 分 de 名著　ハンナ・アーレント　全体主義の起原』(NHK 出版，2017, p. 79) による。原文は，"Someone may die as the result of systematic torture or starvation, or because the camp is overcrowded and superfluous human material must be liquidated." である。なお，大久保和郎・大島かおり (訳)『新版　全体主義の起原　第 3 巻』(みすず書房，2017 年) では単に「超過した労働力」(p. 250) と訳されている。

　このことは，普通は可算名詞だけれども，場合によっては不可算名詞になったり，逆に，普通は不可算名詞だけれども，場合によっては可算名詞になることにつながる。すなわち，一つの名詞が可算名詞，不可算名詞のどちらか一方だけに属するということは普通なく，C/U の表示がある英和辞典を引いてもわかるように，多くの名詞が可算名詞の用法も不可算名詞の用法ももつ。[8] 以下ではこれについて考えよう。

5.1.　可算名詞 → 不可算名詞

　まず，普通は可算名詞として用いられるが，場合によって不可算名詞として用いられる名詞について見ていこう。これは，普通は「特徴的な形をもつモノ」とみなされるものが「特徴的な形をもたず，内部が均質な物質」とみなされる場合にほかならない。どうす

---

[8] 次のように可算，不可算の捉え方に応じて異なる語が存在する場合もある (Leech and Svartvik (2002: 43))。

　(i)　Do you have {a fresh loaf / some fresh bread}?

　(ii)　Would you like {a meal / some more food}?

　(iii)　She's looking for {a new job / some interesting work}.

　(iv)　There {are too many vehicles / is too much traffic} on the road.

20

ればこうしたことが起こるだろうか？　最もよくあるのが，特徴的な形のあるものがすりつぶされたり，切り刻まれたりして元の形をなくしてしまう場合である。次を見てみよう。[9]

(12) a. Add more apple to the salad.
　　 b. He got egg on his necktie.
　　 c. By mashing a dozen potatoes, you get enough potato for this recipe.
　　 d. After a cat got in the way of our SUV, there was cat all over the driveway.

複数形でもなく，不定冠詞もつかない (12a)，(12b) の apple と egg は不可算名詞として用いられているので，丸ごと1個のリンゴや卵ではなく，スライスしたリンゴ，卵の一片ないし飛沫をそれぞれ指している。(12c) では，最初に出てくる potatoes は，ジャガイモの特徴的な形を備えているので，a dozen と数えられる対象として可算名詞となっているのに対して，2度目に出てくる potato は，すりつぶされたジャガイモを指し，特徴的な形を失ってしまい，レシピ通りに作るために量をはかる物質となっており，不可算名詞として使われている。(12d) は気持ちのよい例ではないが，(12c) と同様に，最初にでてくる cat は可算名詞，2番目にでてくる cat は車にひかれて元の形をなくしたため不可算名詞となっている。[10]

---

[9] (12a) は Wierzbicka (1988: 521)，(12b) は Bloomfiled (1933: 205)，(12c, d) は Langacker (2008: 144) より。

[10] 類例として，It is because I like lambs that I don't like lamb.（Allan (1980: 565)）も参照。このように，動物を表す名詞は，可算名詞としてはその動物を表すが，不可算名詞として用いられると動物の「肉」を表すようになる。(water のどの部分を取り出してきても「水」であったのと同様に）動物のどの部分を取り出してきても「肉」であることには変わらないからである。これで，冒頭 (1) でみた誤解がなぜ生じたかがこれでわかるだろう。なお，本章冒頭で見た辞書の記

　上の例のようにすりつぶしたり，切り刻んだりせずとも，形のある物を物質として捉えることはできる。[11]

(13) a. With pre-owned vehicles, you get a lot of car for your money.

b. You'll have to stand—there's not enough bench for another big person.

　(13a) の car は車を物質として捉え，その物質が多いこと，すなわち，車が大きいことを表す。(13b) の bench も数える対象としてのベンチではなく，量る対象，つまり物質としてのベンチを表す。物質としてのベンチの量が足りないということは，ベンチが小さくて大きな人が座れないということになる。

5.2.　不可算名詞 → 可算名詞
　次に，普通は不可算名詞として用いられるが，場合によって可算名詞として用いられる名詞について見ることにしよう。これは，普通は「特徴的な形をもたず，内部が均質な物質」が「特徴的な形をもつモノ」とみなされる場合である。つまり，本来は形がないものが何らかの仕方で区切られることによって，形をもつ場合ということである。これには次の二つの場合がある。

5.2.1.　容器によって区切りをつける
　第1が，形のない物質が容器に入れられることによって容器の形をとり，数えることができるようになる場合である。次の例を見てみよう。[12]

述にあるように，cat は不可算名詞として「ネコの毛」を表すこともある（例：I've got cat all over my skirt. (Dancygier and Sweetser (2014: 131)))。

[11]　(13) は Langacker (2008: 143) より。

[12]　(14a) は Berry (2012: 143)，(14b) は Murphy (2010: 157-158)，(14c)

22

(14) a. He drank 12 beers in that bar.

    b. Carol drank a tea / 17 teas today.

    c. I want two lemonades and a water.

これらの名詞は，普通は不可算名詞として用いられ，決まった形のない液体を表すが，グラスやコップに入れることによって「〜杯のビール／紅茶」のように数えられる可算名詞になっている。

5.2.2. 種類によって区切りをつける

第2が，形のない物質を種類に分けることで区切りをつけて，1種類，2種類，… のように数えられるようにする場合である。[13]

(15) a. They serve 12 beers in that bar.

    b. That shop stocks 17 teas.

    c. The quality of English wines can now compare with wines from Germany.

    d. In general, indica rices predominate in South Asia, and japonica varieties are more common in East Asia.

(15a) と (15b) の beer と tea は，(14a, b) の場合と同様に，可算名詞として用いられているが，ここでは「〜種類のビール／紅茶」の意味で用いられている。

不可算名詞に形容詞をつけることで種類に分けることがしばしばある。[14]

(16) a. Have you had lunch?

    b. We serve hot and cold lunches.

は Langacker (2008: 143) による。

[13] (15a) は Berry (2012: 143)，(15b) は Murphy (2010: 171)，(15c) は LDOCE，(15d) は OSD より。

[14] (16a) は LDOCE，(16b, c) は OALD より。

　　c.　There is no such thing as a free <u>lunch</u>.

(16a) では lunch は不可算名詞として用いられているが，(16b, c) では形容詞をつけることによって，「温かい／冷たい昼食」などのように種類の面で区切りが入れられるため，lunch が可算名詞として用いられている。[15]

6.　抽象名詞の可算・不可算

　今まで見てきた名詞はいずれも具体的なものを指していたが，ここでいわゆる「抽象名詞」について見ておこう。抽象的な概念を表す名詞であっても，形がなく，量が問題となる場合は不可算名詞，形があり，具体的に数えることができそうな場合は可算名詞として用いられる。[16]

(17)　a.　Your plan needs more <u>thought</u>.

　　　b.　I had some frightening <u>thoughts</u> in the night.

(18)　a.　She hasn't got enough <u>experience</u> for the job.

　　　b.　I had some strange <u>experiences</u> last week.

ともに，(a) では不可算名詞，(b) では可算名詞として用いられている。たとえば，thought は (17a) では考える量（が足りているかどうか）を問題にしていて不可算名詞だが，(17b) では，一つ，一つと数えられるような具体的な考え，アイデアを指しているので

---

[15] 次の例では，lunch は種類の面で区切られると同時に時間的な区切りがつけられているため可算名詞になっている (cf. 注5)。

　(i)　we first began thinking at our almost <u>daily lunches</u> for several years about human uniqueness in terms of shared intentionality […].
　　　(Michael Tomasello (2019) *Becoming Human*, Harvard University Press, p. viv)

[16] (17), (18) は Swan (2016: §11: 119.6) より。

可算名詞となっている。

7. 〈単一体〉と〈集合体〉の間

　最後に,「集合名詞」と呼ばれるものについて簡単に見ることにしよう。可算名詞は,〈単一体〉を表すときは単数形で用いられ,単一体が集まって〈集合体〉となったときは複数形で用いられる。

(19) a. A car is coming.
　　 b. Three cars are coming.

　この両者の中間に,〈集合体であるが単一体とみなされるもの〉と〈単一体であるが集合体とみなされるもの〉がある (Radden and Dirven (2007: 78))。前者の例を見てみよう。[17]

(20) a. The <u>board</u> meets once a month.
　　 b. The <u>police</u> are investigating the case.
　　 c. a herd of <u>deer</u>/run like a <u>deer</u>

こうした名詞は「集合名詞」と呼ばれる。[18] (20a) の board は委員の集合体から成るが「委員会」を表し,単一体として捉えられる。(20b) の police も警察官の集合体から成るが「警察」を表し,単一体として捉えられる。両者の違いは,動詞が単数の形で呼応するか,複数の形で呼応するかにある。(20c) の deer は,単数も複数も同じ形が用いられる。複数を表す deer の場合は,個々の鹿の集合体であるが,単一体として捉えられていると考えられる。

　〈単一体であるが集合体とみなされるもの〉には,次のようなものがある。これらの名詞は常に複数形で用いられるので,「絶対複

---

[17] (20a, b) は LDOCE より。
[18] 個々の集合名詞の用法については,久野・高見 (2009) が詳しい。

数」と呼ばれる。[19]

(21)　a.　The news is not yet official.

　　　b.　These pants are too short for me.

(21a) のニュースはさまざまな情報，(21b) のズボンは両足の部分
から成り立っているとみなされて，単一体ではあるが，集合体とし
て捉えられている。ここでも動詞が news の場合は単数の形で呼応
し，pants の場合は複数の形で呼応している。

8.　まとめ

　本章では，可算・不可算名詞の使い分けについて見てきた。大事
な点は，可算・不可算名詞の区別は，(10) にまとめたような意味
的な区別であり，不定冠詞 a をつけることができるか，複数形を
とることができるかといった形の問題は，この意味的な区別の反映
にすぎないということである。先にも述べたように，多くの名詞は
語義に応じて可算名詞としても，不可算名詞としても用いられる。
辞書の [C] と [U] の表示に注目して，どうしてこの意味の場合は可算
名詞となり，この意味の場合は不可算名詞となるのかをときどき考
えてみるとよいだろう。

〈基本文献〉
石田英雄 (2012)『これならわかる！英語冠詞トレーニング』DHC
小林悦雄 (2015)『英語の名詞をきわめる──可算名詞と不可算名
　　詞の使い分け』春風社

---

[19] (21a) は OALD，(21b) は G 和英より。

第3章 冠　詞

　冠詞には，定冠詞の the と不定冠詞の a(n) の 2 種類がある。前章でみた可算・不可算名詞の区別と同様に，冠詞も日本語にはない品詞のため，日本人学習者にとっては難しい文法事項の一つである。中学生の頃，the =「その」，a =「一つの」という訳語を通して冠詞を学習した人もいるかもしれないが，残念ながらそれだけでは冠詞を的確に使いこなすには不十分である。本章では，冠詞がどのような意味を表すのか，どのような場合に定冠詞・不定冠詞を使うことが可能となるのかについて考えることにしよう。

1.　冠詞の意味

　dog という語は，それ自体では，〈犬〉という概念を表す。概念には，触ることもできないし，吠えられることもない。では，現実の世界にごまんといる，触ることも吠えられることもある犬を指し示すにはどうすればよいだろうか？

　その役割を果たすのが，指示詞（this, that など）と冠詞（the, a）である。たとえば，見える範囲に複数の犬がいて，その中から特定の犬に相手の注意を向けたいときには，その犬をただ黙って指差せばよい。さらに，指差しをしながら指示詞 this や that を dog

とともに用いて，"This dog is friendly. That dog is dangerous." のように言うこともできる。指差しや指示詞には「こっち（あっち）を見て！　私が指し示したいものがあるから」というふうに複数の候補の中から対象を絞り込み，相手の注意を特定の対象に向ける力があるからである。

　英語の定冠詞 the は，形が似ていることからもわかるように，指示詞 that の祖先と同じ仲間だったことが知られている。このことは，定冠詞 the が指示詞と働きにおいても似ていることを示唆する。その働きとは，同じ対象（例：犬）に対して話し手が聞き手と注意を共有したいときに用いられるということである。実際，定冠詞 the を用いて，"Look at the funny looking dog!" のように言って，近くにいる犬を指差すこともできる。

　しかし，定冠詞が指示詞と違うのは，指差しを伴わなくとも，自分が指し示したいものを相手に示すことができる点にある。たとえば，Look at the map. と言えば，指差しせずとも，相手はその場にある地図を見てくれるはずである。すなわち，指示詞が「こっち（あっち）を見て！　私が指し示したいものがあるから」のように話し手が聞き手の注意をいわば力づくでグイッと向けようとするのに対して，定冠詞はそんなことをせずとも自分が意図した対象に対して聞き手と注意を共有できるはずだというときに用いられるわけである。[1] 身近な例で言えば，お店に行って「これ（あれ）ちょうだい」と言って品物を指差して注文する場合と，「例のやつ，ちょうだい」と言って注文する場合との違いに似ている。

　ところで，これまで「定冠詞」という用語をその意味をあまり考えずに使ってきた。定冠詞の「定」（definite）とは「定まっている」ということである。この「定まっている」とはどういう意味なのだろうか？　次の文をもとに考えてみよう。[2]

---

[1] Langacker (2008: 276–281) 参照。

[2] (1) は O 英和による。

 (1) I have a dog and a cat, and the dog is ill.

 この文では dog という語が 2 回使われており，最初は不定冠詞 a，次に定冠詞 the がついている。最初にでてくる dog は，自分が飼っている犬のことだから，当然どの犬なのか「定まっている」はずである。それにもかかわらず「定まっていない」ことを表す不定冠詞が用いられ，a dog となっている。なぜだろうか？

 ここで問題となるのは，誰にとって「定まっている」かである。上の例で自分の飼っている犬に the がついていないことから，話し手にとって定まっているかどうかは問題ではないことがわかる。では，誰にとってか？ ふつう発話場面にいるのは，話し手と聞き手である。話し手ではないとすると，残る可能性は聞き手となる。すなわち，冠詞は，聞き手にとって名詞が何を指し示しているかが定まっているかどうかを示すものだと言える。つまり，定冠詞と不定冠詞の違いは，名詞が指し示しているものが何なのかを聞き手が定めることができるかどうかにあるということになる。

 しかし，聞き手はしょせん他人だから，名詞が何を指しているかがわかっているかどうかは，その心の中を覗き込みでもしない限り，話し手には本当はわからないはずだ。話し手にできることは，聞き手にとって定まっていると想定できるかどうかでしかない。そのように想定できれば定冠詞，想定できなければ不定冠詞が用いられることになる。たとえば，(1) の冒頭では「犬」を初めて会話に登場させるので，聞き手はどの犬のことなのかわからないはずだと話し手が想定し，不定冠詞をつけて a dog としている。しかし，次に続けて dog が出てくれば，話し手が飼っているペットの犬のことを指しているものと聞き手にはわかるはずだと話し手は想定し，the dog のように定冠詞を用いているわけである。

 話し手の想定はあくまで想定にすぎず，場合によっては，想定がはずれ，コミュニケーションが成立しないことも起こり得る。映画『七年目の浮気』(*The Seven Year Itch*) から次の例を見てみよう。

(2)　Sherman:　One moment, my dear.　You came.

　　　Kruhulik:　Yeah, I came for the rugs.

　　　Sherman:　The rugs?　What rugs?　What is it you want,
　　　　　　　　　　Mr. Kruhulik?

　シャーマン氏のアパートに管理人が夫人に頼まれたじゅうたんを引き取りに訪ねて来た場面である。管理人は the rugs と言えば，何のことだか夫のシャーマン氏もわかってくれるだろうと想定したのだが，その想定ははずれ，「じゅうたんだと？　なんのじゅうたんだ？」と問い返されるはめになってしまったわけである。

　以上をまとめると，冠詞の使い方の基本は次のようにまとめられる。

(3)　名詞が指し示しているものが何なのかを聞き手が特定できるだろうと話し手が想定した場合には定冠詞 the，そうでない場合には不定冠詞 a を用いる。[3]

2.　定冠詞の用法

　上で見たように，定冠詞は，名詞が何を指しているかを聞き手が特定できると想定される場合に用いられる。指差しを伴って指示詞を使う場合とは異なり，定冠詞は複数の候補の中から特定の対象へと絞り込みを行う力に欠ける。そのため，定冠詞が適切に使えるためには，名詞が指すものを話し手が指差しせずとも，聞き手が「これだ！」と特定できるような状況が整っていなければならない。そのような状況を以下ではいくつかに分類して見ていくことにしよう。

---

[3] 冠詞は，dog のような名詞だけでなく，old dog のような名詞表現にもつくが，ここではそれらも含めて「名詞」と言うことにする。

2.1. 発話場面から特定できる場合

　定冠詞が使える最も基本的な場合が，コミュニケーションが行われている場面に照らして名詞が何を指しているかが聞き手にわかると話し手が想定できる場合である。すなわち，指差しせずとも，発話場面からして名詞が指すものが「これだ！」と特定できる場合である。次の例をみてみよう。[4]

(4) a.　Could you pass the salt?
　　 b.　The ceiling's low, so be careful you don't hit your head.
　　 c.　'What's all the noise?'
　　　　 'You may well ask.'

　（4a）はよく使われる表現だが，聞き手が自分と同じテーブルについているので，the salt と言えば食卓の上にある塩入れのことだとわかってくれるはずだと話し手は想定し，定冠詞を用いている。(4b) も同様に，聞き手は同じ部屋にいるので，the ceiling と言えば，自分たちが今いる部屋の天井のことだとわかってくれるはずだと想定される。(4c) の the noise は，塩入れや天井と違って目に見えないが，その場面で聞こえる音として聞き手が特定できると想定されるので，定冠詞が使われている。

　上の例では，名詞が指すものは話し手と聞き手がいる発話場面の比較的近くにあった。発話場面は，

　　　部屋　＜　家　＜　町　＜　国　＜　世界　＜　地球

のようにズーム・アウトしていくことができる。たとえば，次の nation と prime minister は，この文が発話されている国とその国の首相をそれぞれ指すと聞き手が特定できるはずだと想定されるの

---

[4]　(4) は LDOCE より。

で，定冠詞がついている。[5]

(5) a. Salted peanuts were recently revealed to be <u>the nation's</u> favourite snack.

b. <u>The prime minister</u> is expected to issue a statement on the policy change this afternoon.

さらに，ズーム・アウトして発話場面を広げていくと，次のような名詞に定冠詞がつくのもわかるだろう。

(6) the sun, the moon, the earth, the world, the equator, the universe

いずれも，地球上という発話場面から見ると，これらの名詞が指し示すものを聞き手は特定できるので定冠詞が用いられている。たとえば，sun と moon はそれぞれ「恒星」（例：The Dog Star is one of the suns.）と「衛星」（例：How many moons does Jupiter have?）も表せるが，地球にとっての恒星と衛星はそれぞれ「太陽」と「月」であると特定できるので，the sun, the moon のように定冠詞がつくと考えることができる。

さて，発話場面を構成するものは，その場に存在する物だけではない。聞き手の頭の中に入っている知識も発話場面を構成していると考えることができる。次の例では，目に見える範囲になくとも，名詞が何を指し示しているか聞き手も知っていると想定できるので，話し手は定冠詞を用いていると考えられる。[6]

(7) a. Don't go telling tales to <u>the teacher</u>!

b. I'm going to <u>the dentist</u> this afternoon.

---

[5] (5a, b) は OALD より。

[6] (7a, b) は LDOCE より。

（7a）では，the teacher と言えばどの先生のことか聞き手にもわかるだろう——たとえば，話し手と聞き手の担任の先生——と想定されるので話し手は定冠詞を用いている。同じように，（7b）では，話し手と聞き手が家族である場合，かかりつけの歯医者さんを指していると考えられる。

2.2. 先行文脈から（推論によって）特定できる場合

発話場面のほかに，現在の発話の直前にどのような発話がなされたか——先行文脈と呼ぼう——も聞き手の知識の一部を構成する。発話は先行文脈に照らして行われ，解釈されるからである。先行文脈で一度登場した名詞を二度目に用いる場合は，聞き手はそれが何を指しているか特定できるだろうと想定される。先の（1）がその場合にあたる。もう一つ例を挙げよう。[7]

(8) Fred was discussing an interesting book in his class. I went to discuss the book with him afterwards.

このように a をつけて導入した名詞が二度目にでてくるときには the をつけるというのは最もわかりやすい定冠詞の使い方である。[8]

---

[7] (8) は Hawkins (1978: 86) より。

[8] あえてこのステップを踏まずに定冠詞をつけて人や物を談話に導入することがある。Epstein (2001: 349) は，H. G. Wells の The Invisible Man の冒頭を例として挙げている。

(i) The stranger came early in February, one wintry day, through a biting wind and a driving snow, the last snowfall of the year, over the down, walking from Bramblehurst railway station and carrying a little black portmanteau in his thickly gloved hand.

ここでは物語の冒頭にもかかわらず定冠詞をつけて the stranger を導入することによって，読者を物語のまっただ中にいきなり投げ込むとともに，以後この stranger の物語における動向に注目するよう誘うことになる。

日本語では，物語の冒頭で「が」を使って登場人物を導入し，その後，「は」をつけるのが普通である。

では，次はどうだろうか？[9]

> (9) a. Fred was discussing an interesting book in his class. He is friendly with <u>the author</u>.
>
> b. I hated that book. <u>The author</u> is an idiot.

ここでは，author という語が先行文脈において an author という形で登場していないにもかかわらず，定冠詞 the を伴って使われている。なぜだろうか？

この例では第1文で book という語が使われている。私たちは〈本〉にまつわるさまざまな知識をもっている。たとえば，「本には著者がいる」「本には（複数の）ページがある」「本にはそれを出版する出版社がある」などである。図示すると次のようになる (cf. Berry (1993: 27))。

(10)

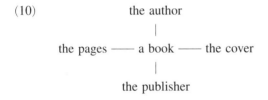

私たちが book という語を耳にすると，こうした知識の枠組み

(ii) ある古い家の，まっくらな天井うらに，「ツェ」という名まえのねずみ<u>が</u>すんでいました。ある日ツェねずみ<u>は</u>，きょろきょろ四方を見まわしながら，床下街道を歩いていますと，（以下略）。

（宮沢賢治「ツェねずみ」）

しかし，次のように物語の冒頭で「は」を伴って登場人物が導入されることもある。英語の (i) はこの手法に似たものと考えられる。

(iii) 山男<u>は</u>，金いろの眼を皿のようにし，せなかをかがめて，にしね山のひのき林のなかを，兎をねらってあるいていました。

（宮沢賢治「山男の四月」）

[9] (9a) は Hawkins (1978: 86)，(9b) は Birner and Ward (1994: 94) より。

（以下，「知識枠」と呼ぶ）が頭の中で呼び起こされると考えられる。そのため，(9) において author と言えば，前の文に出てきた本の著者のことだなと聞き手は推論するはずだと想定し，話し手は the author のように定冠詞をつけているわけである。「本」に関してさらに例をみておこう。[10]

(11) a. I bought a book but the cover was torn.
     b. She opened a book and riffled the pages.
     c. A book about dinosaurs was being proofed by the publisher.

いずれも book が不定冠詞 a を伴って導入されたあと，「本」にはカバー，（複数の）ページ，出版社が含まれることから，これらを表す名詞に定冠詞 the がついているわけである。

次の例も同じように考えることができる。[11]

(12) a. There was an accident here yesterday. A car hit a tree and the driver was killed.
     b. It is dangerous to ride a bicycle without holding the handlebars.
     c. In the corner of the room was a large lamp, hanging from the ceiling.

(12a) では最初に car が導入され，「車には運転する人がいる」という知識から the driver と言えば，事故を起した車のドライバーのことだと聞き手はわかってくれるはずだと想定されるので，定冠詞がついている。同様に，(12b)，(12c) もそれぞれ「自転車にはハンドルがついている」「部屋には天井がある」という知識がもとになって the handlebars, the ceiling のように定冠詞が使われてい

---

[10] (11a) は Epstein (1997: 54)，(11b, c) はそれぞれ OSD，NOAD より。
[11] (12a, b, c) はそれぞれ OALD，G 和英，Activator より。

る。[12]

　これまで book, car, bicycle, room といった名詞によって喚起
される知識枠の中に含まれる概念を表す名詞が定冠詞を伴って導入
された例を見てきたが，次の例は少し異なる。[13]

(13) a. She decided to sell the cow and buy a shop with the
       money.

   b. It was dark and stormy the night the millionaire was
      murdered. The killer left no clues for the police to
      trace.

　これらの例では動詞 sell と murder が知識枠を呼び起こしてい
ると考えられる。(13a) では「物を売ると代金を得られる」という
知識に基づいて，the money と言えば，牛を売ったことで得られ
たお金のことだと聞き手は特定できるだろうと想定されるので定冠
詞が用いられている。同様に，(13b) では「殺人には殺人者が関与
する」という知識がもとになって killer に定冠詞が使われている。
　ところで，先行文脈から推論される概念だからといって，必ず
the がつくわけではない。次の例を見てみよう。[14]

----

[12] 天井のない部屋はまずないが，窓のない部屋，ましてやシャンデリアのな
い部屋というのは十分あり得る。それにもかかわらず，次の文は容認される
(Clark (1977: 416))。

　(i)　I walked into the room. The windows looked out to the bay.

　(ii)　I walked into the room. The chandeliers sparkled brightly.

これらは，たとえば「部屋にはシャンデリアがあるものである」という知識に基
づいて chandeliers に定冠詞をつけているというよりは，chandeliers に定冠詞
をつけることによって自分が入った部屋にはシャンデリアがあったことを聞き手
に伝えていると考えられる。このタイプの現象については，Matsui (2000) を参
照。

[13] (13a, b) は Brown and Yule (1983: 258) より。

[14] (14a, b) は Langacker (2008: 287) より。

(14) a. I can't use my computer—the keyboard is malfunctioning.

    b. I can't use my keyboard—*the key is malfunctioning.

    c. I can't use my keyboard—the keys are all stuck.

コンピュータから呼び起こされる知識枠には，キーボードの存在が含まれる。そこで，(14a) では，the keyboard と言えば，自分のコンピュータのキーボードのことだと相手がわかってくれるはずだと想定できるので，定冠詞が使われている。(14b) でも同様に，キーボードから呼び起こされる知識枠には，キーが含まれているので，the key と言えるのではないかと思われるが，そうはいかない。これは，コンピュータにはキーボードが一つだけついているのに対して，キーボードについているキーは一つではないからである。もし，(14b) で the key と言ってしまうと，「どのキーのこと？」と聞き手はとまどうことになるはずだ。一方，(14c) のように key を複数形にすれば容認される。

2.3.　名詞の指示対象を絞り込むことで特定できる場合

名詞 cat を適用できる対象（指示対象）は，世界に存在する猫の数だけある。この名詞に修飾語句をつけて，たとえば，old cat とすると，指示対象の数は狭まる。さらに，fat old cat とするともっと狭まることになる。

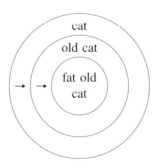

　このように次々と修飾語句をつけていき，指示対象が絞られてい
き，聞き手が名詞が何を指すか特定できると想定されるまでに至る
と定冠詞をつけることになる。次の名詞 month, nation, man は，
修飾語句をつけることによってそれぞれ「5 月」，「日本」，「ニール・
アームストロング」しか指示しなくなるため，the がつく。[15]

(15) a. the month between April and June

b. The nation that dreamed up bonsai and origami and
leads the world in nanotechnology prefers life to be
bite-size, delicate, petite.

c. the first man to set foot on the moon

　次も同様で，抗生物質の発見は 1 回しかなく，花の名前は一つ
に決まっていて，いま見ている芝居のタイトル，いま解いている問
4 の答えは一つしかなく，チームの監督は 1 人しかいないので，い
ずれも定冠詞がつく。[16]

(16) a. the discovery of antibiotics in the 20th century

b. Do you know the name of this flower?

c. The title of this play is 'Othello'.

d. What was the answer to question 4?

e. The manager of the team decided to make a com-
plaint about the referee.

　このように名詞の指示対象を絞るのに後ろから修飾することがよ
く行われるが，後ろに修飾語句がついているからと言って，いつで
も定冠詞がつくわけではない。次の例を見てみよう。[17]

---

[15] (15a) は Langacker (2008: 286)，(15b, c) はそれぞれ OSD, OALD より。

[16] (16a, b) は OALD，(16c, d, e) は LDOCE より。

[17] (17) は Keene and Matsunami (1969: 21) より。

(17) a. If you want to learn a language you should go to the country where it is spoken.

b. If you want to learn a language you should go to a country where it is spoken.

いずれも country が，where it is spoken によって修飾され，限定されているが，(17a) では定冠詞，(17b) では不定冠詞がついている。前者は当該の外国語が話されている国が（日本語のように）一つに特定される場合なのに対して，後者は（スペイン語のように）話されている国が一つに特定されない場合を表している。

2.4. 役割

次のコナン・ドイルの『バスカヴィル家の犬』からの一節を見てみよう。夜中に不審な動きをする使用人の男の現場を捕えようと，ワトソンとヘンリー・バスカヴィルが隠れて待ち伏せしている場面である。[18]

(18) It was incredible how slowly the hours crawled by, and yet we were helped through it by the same sort of patient interest which the hunter must feel as he watches the trap into which he hopes the game may wander.

待ち伏せして捕まえようとすることから，この場面では〈狩猟〉の知識枠が喚起される。この枠組みには，〈猟師〉，〈罠〉，〈獲物〉，〈銃〉，〈猟犬〉などが含まれると考えられる。上で下線を引いた名詞は，こうした知識枠を構成する要素を指している。たとえば，the hunter は「あの猟師」というように指差しできる現実の猟師ではなく，〈狩猟〉の知識枠に含まれる〈猟師〉を指しているにすぎない。このような知識枠に含まれる要素のことを「役割」と呼ぶこと

---

[18] (18) は Arthur Conan Doyle, *The Hound of the Baskervilles*, Ch. 9 より。

にする。(以下,〈猟師〉のような人間だけでなく,〈罠〉のような
無生物についても「役割」ということばを用いることにする。)定冠
詞 the はこうした「役割」を表すのにも用いられることにあるわけ
である。

　役割を表す定冠詞の例をもう一つ見ておこう。[19]

(19)　Dana had thought about her wedding from the time she
　　　was a little girl.　She had visualized herself in a beauti-
　　　ful, lacy white gown with a long, long train.　In the
　　　movies she had seen, there was the frantic excitement of
　　　getting ready for the wedding … the guest list to prepare
　　　… the caterer to choose … the bridesmaids … the church
　　　… All her friends would be there, and her mother.

　ここでは〈結婚式〉の知識枠が喚起されている。結婚式には〈新
郎〉,〈新婦〉,〈教会〉,〈神父〉,〈招待客リスト〉,〈宴会係〉,〈新婦
の付添人〉などがつきものである。こうした役割を定冠詞を伴って
表したのが上で下線を引いた名詞である。

　このような役割を表す定冠詞と今まで見てきたような現実の世界
において特定されるものを表す定冠詞のペアを見てみよう。[20]

(20)　a.　The winner received $1,000,000 and donated the
　　　　　money to charity.
　　　b.　The winner will receive $1,000,000.

(21)　a.　The president of the company apologized personally
　　　　　for the tragic accident.
　　　b.　In this corporation, the president keeps getting younger.

---

[19] (19) は Sidney Sheldon, *The Sky is Falling*, Ch. VI より。

[20] (21a) は OCD, (21b) は Langacker (2009: 95) より。役割を表す the に
ついては, Epstein (1999, 2002) が詳しい。

同じ the winner（勝者）という表現が使われているが，(20a) の the winner は現実の世界で特定される個人（たとえば，Mary Smith さん）を指す。一方，(20b) がまだ勝負が行われる前のアナウンスを表すとすると，この the winner は（Mary Smith さんのような）特定の個人を指しているのではなく，誰であれ〈勝者〉となる人を表しているにすぎない。勝負が行われて初めてこの〈勝者〉の役割を担う特定の個人が決まることになる。同様に，同じ president が用いられているが，(21a) では特定の個人を指すのに対して，(21b) では誰であれ社長職を担う人を指す。[21] すなわち，特定の個人が年々若くなっているわけでなく，歴代の社長 A, B, C … において，社長 B は社長 A より若く，社長 C は社長 B より若いことを表すにすぎない。

今度は，無生物が役割を表す例も見ておこう。[22]

(22) a. If we run, we should be able to make it before the bus leaves.

b. The bus leaves every hour on the half hour.

(23) a. The elevator rose with a shudder.

b. Take the elevator to the sixth floor and turn left.

(22a) では，the bus は特定のナンバープレートがついた特定のバス車両を指している。これに対して，(22b) では，特定のバス車両が毎時 30 分に出発しては戻ってきて，また出発するという解釈も不可能ではないが，ふつうは，ある路線バスのバス車両が毎時 30 分に出発することを表す。すなわち，車両 A が出発し，その 1 時間後に車両 B が出発し，さらにその 1 時間後に車両 C が出発す

---

[21] この区別は言語哲学において確定記述の「指示的用法」と「属性的用法」の区別として知られているものに対応する (Langacker (1991: 73))。

[22] (22a, b) はそれぞれ Activator, G 和英，(23a) は OALD，(23b) は Birner and Ward (1994: 93) より。

る … ということを表している。(22b) の The bus は、いわば〈路線バス〉という役割を表していて、車両 A、車両 B、車両 C がその役割を担うということになる。

　(23a) は特定のエレベーターを指す。一方、(23b) はホテルのフロント係が言ったものである。ホテルにエレベーターが一つしかないのなら、この the elevator は特定のエレベーターを指すことになるが、ホテルに複数のエレベーターがある場合でも Take the elevator … という言い方ができるという。つまり、この the elevator は特定のエレベーターではなく、ホテルという知識枠における〈エレベーター〉という役割を表している。このことがよくみてとれるのが次の実例である。ホテルに飛び込んできた女性がフロント係に Where is the elevator? と聞いているが、フロント係は「当ホテルにはエレベーターはございません」と答えている。つまり、この Where is the elevator? は特定のエレベーターの場所を聞いているのではなく、〈ホテル〉の知識枠の内にある〈エレベーター〉という役割を果たすものがこのホテルではどこにあるかを聞いているわけである。[23]

(24)　"Where is the elevator?"

　　　"No elevator."

　　　"Oh."　A porter was obviously out of the question.

---

[23] (24) は Sidney Sheldon, *The Sky is Falling*, Ch. XXI より。ピーターセン (1990: 60) は、I was out walking my dog … の my dog を the dog に替えると「その言い方は「犬というものは、大体、どの家にでもファミリー・ペットとして飼われているものである」という暗黙の前提に基づいている言い方である」と述べている。本章のことばで言うと、この the dog は役割を表しているということになる（ピーターセン (1988: 44-45) も参照）。Beware of the dog（猛犬注意）の the dog も同様に考えることができる。その他、よく使う表現では、Look it up in the dictionary や See the ball, hit the ball（打撃の極意）の the も役割を表していると思われる。

42

> Dana picked up her bag and started walking up the stairs.

ここまでくると、「総称の the」と呼ばれるものも同じように考えることができるだろう。

(25) The dog is a faithful animal.

この the dog は特定の犬ではなく、動物の種という知識枠に存在する犬という種を表している。種も一種の役割であり、現実の世界でポチ、ハチ、ファイドーなど特定の犬がその役割を担うことになるわけである。[24]

3. 不定冠詞

最後に不定冠詞について少しだけ見ておこう。不定冠詞は（3）で見たように、名詞が何を指しているか聞き手にはわからないはずだと話し手が想定する場合に用いられる。すなわち、新しい人や物を談話に導入するのに不定冠詞 a を用いるのが典型的である。先にみた（1）をもう一度見てみよう。

---

[24] Quit playing the fool and get some work done! (OALD) や、Stop playing the victim—you knew exactly what was happening (OCD) などにおける the も特定の「馬鹿者」や「犠牲者」を指すのではなく、〈馬鹿者〉、〈犠牲者〉という役割を表すと考えられる。そうすると、play the {piano/guitar/violin} など楽器演奏を表す際に楽器名の前にくる the も同じように役割を表すと考えることができる。オーケストラなどにおける楽器演奏の知識枠において、ピアノの役割を演じるというのが play the piano だというわけである。ステージ上でバンドメンバーを紹介するときに、"○○○ on the bass guitar, △△△ on the lead guitar, □□□ on the drums, …" のように言うが、これも「ベースという役割を演じているのが○○○である」のように紹介していると考えられる。楽器の前につく the に関する異なる説明として、樋口 (2003: 73-76, 296-297) を参照。

(1)　I have a dog and a cat, and the dog is ill.

ここでは自分の飼い犬を a dog と不定冠詞をつけて談話に導入し，その後，飼い犬について the dog is ill と語っている。この不定冠詞の使い方には二つある。[25]

(26)　a.　Ollie hopes to marry a blonde.　She is tall, rich, and beautiful.

　　　b.　Ollie hopes to marry a blonde—but she must be tall, rich, and beautiful.

いずれも話し手は聞き手が blond がどの女性を指すのかわからないはずだと想定し，不定冠詞を用いているが，(26a) と (26b) の a blonde には違いがある。(26a) では特定の個人（たとえば，Mary Smith）を指しており，話し手はそれが誰のことなのかを知っているが，聞き手はそれについて知らないはずだと想定して不定冠詞を使っている。一方，(26b) では特定の個人ではなく，「背が高く，お金持ちで美しい」という条件を備えた人を a blonde と言っているにすぎず，そのような条件を備えた人はジョンの頭の中の世界にはいても，現実の世界にいるとは言っていないわけである。

4.　まとめ

　本章では，一見難しくみえる冠詞の用法も，基本的には (3) としてまとめられることを見た。ただ，それだけではなく，文章の中で冠詞に出くわしたとき，ここではどうして the が用いられているのか，ここではどうして a が用いられているのかと文脈に即して考えながら読むことが冠詞を身につける上で最も重要である。

---

[25] (26) は Langacker (1991: 103-105) より。

〈基本文献〉

石田秀雄（2012）『これならわかる！ 英語冠詞トレーニング』DHC

織田稔（2002）『英語冠詞の世界』研究社

正保富三（2016）『改訂版　英語の冠詞がわかる本』研究社

樋口昌幸（2009）『英語の冠詞』開拓社

Roger Berry（1993）*Collins COBUILD English Guides 3: Articles*. HarperCollins Publishers, London.

第4章　時間表現1：現在形・現在進行形

　これから3回にわたって，時間を表す表現について考えることにしたい。本章では，現在の状態・出来事を表す表現（現在形，現在進行形），第4章では過去の出来事がかかわる表現（過去形，現在完了形），第5章では未来を表す諸表現（will, be going to など）を扱う予定である。

1.　動詞の分類

　現在形と現在進行形を理解する上で，動詞の分類が重要な役割を果たす。英語の動詞は，動作や変化を表す「動態動詞」と，性質や関係を表す「状態動詞」の二つに分類することができる（Quirk et al. (1985: 177–178)）。

(1) a.　動態動詞：ask, cook, die, hit, jump, kick, kiss, learn, melt, play, etc.
　　b.　状態動詞：be, belong, have, hope, know, like, resemble, want, etc.

46

　動態動詞とは，「時間の経過とともに局面が展開していく，始まりと終わりがある事態（出来事）」を表す。[1] たとえば，動詞 jump では，両膝を曲げた態勢をとり，そこから両足で地面を蹴って空中に上がり，やがて着地する，というふうに局面が展開する。

図1　jump が表す局面の展開

　これに対して，状態動詞は「始まりと終わりがなく，一定の状態が持続すること」を表す。たとえば，resemble（〜に似ている）は，今だけでなく，昨日も一昨日も似ていたし，明日，明後日も似ているだろうことを表す。

　この二つの動詞のタイプの違いが，現在成立している事態を描写する際にどういう形式を使うかについての違いにつながる。すなわち，現在成立している事態を描写するのに，動態動詞は現在形ではなく，現在進行形を使うのに対して，状態動詞は現在形を使い，現在進行形は使うことができない。次の例で play が動態動詞，resemble が状態動詞である。

---

　[1]「動態動詞」とは聞き慣れないかもしれないが，学校文法でいう「動作動詞」に対応するものと考えてさしつかえない。ここでは，主体の動作だけでなく，John died. や The snow melted. の die や melt など主体の変化を表すものも含めて「動態動詞」という用語を「状態動詞」に対立する範疇として使うことにする。なお，動態／状態動詞の区別は，Langacker（1987: 254–267）の完結的／非完結的動詞に対応するものとして用いている。

(2) a.　Harry {*plays / is playing} the tune right now.
　　b.　Harry {resembles / *is resembling} his father.

　この二つの動詞のタイプの違いを簡単に図示すると，次のように
なる（Langacker (1990: 88)）。

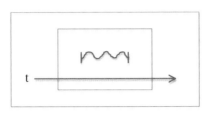

図2　動態動詞

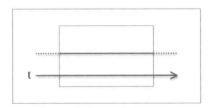

図3　状態動詞

　図2・図3中の右向きの矢印（→）は，時間（t）の経過を表す。
名詞が表すモノはふつう「どこ？」にかかわる空間において具現す
るのに対して，動詞が表すコト（事態，出来事）は「いつ？」にか
かわる時間において具現すると考えられるからである。内側の小さ
な四角は，私たちの意識や注意が及ぶ範囲（カメラのフレームに相
当する）を示している。図2の動態動詞は，このフレーム内で時間
の経過とともに動作や変化が始まり，展開し，やがて終わることを
ジグザグ線とその両端の縦棒|で示している。一方，図3の状態動
詞は，フレーム内では始まりと終わりによって区切られておらず，
時間の経過にかかわらず，一定の同じ状態が続くことを示してい
る。

48

　ところで，状態動詞が表す状態は，本当にずっと前から，そして
ずっと後まで続くのだろうか？　そんな疑問をおぼえた人もいるこ
とだろう。たとえば，know は「知識をもっている」ことを表す状
態動詞である。しかし，現実問題として，知識はどこかの時点で得
たはずだし，どこかの時点で忘れてしまうかもしれない。状態動詞
が表すのはあくまで注意の及ぶフレーム内で一定の状態が続くこと
であり，フレームの外では，状態はどこかの時点で始まり，どこか
の時点で終わるかもしれないのである（そのことが図3の点線で表
されている）。

　さて，上で見たように，動態動詞が表す事態は，始まりと終わり
によって区切られているのに対して，状態動詞が表す事態にはその
ような区切りがない。区切りがあるということは，1回，2回，…
というように繰り返すことができるということにほかならない。そ
のため，動態動詞 play には，繰り返しを表す again and again とい
う副詞表現をつけることができるのに対して，状態動詞 resemble
にはつけることができない。[2]

(3) a.　Harry played the tune again and again.
　　b.　*Harry resembled his father again and again.

　ここで何か思い出すことはないだろうか？　そう，第2章でみた
可算名詞と不可算名詞の区別である。動態動詞と状態動詞の区別
は，可算名詞と不可算名詞と平行していると考えられる。可算名詞
が指し示すものには形（区切り）があったからこそ数えることがで
き，モノの複数を表す -s をとることができたのと平行して，動態
動詞は始まりと終りによって区切られているので数えることができ
き，コトの複数を表す again and again をとることができるのだ。
他方，不可算名詞が指し示すものには形（区切り）がないため数え
ることができず，複数形にならないのと平行して，状態動詞は始ま

---

[2]　(3) は Langacker (1990: 88) より。

りと終わりによって区切られていないため，again and again をとることができないわけである。また，不可算名詞が指し示すものは内部が均質であり，たとえば，水のどこをとっても同じ水でできているのと平行して，状態動詞はどの時点をとっても同じ状態が成り立っている（たとえば，ハリーは 1 時間，1 週間，1 ヶ月前も父親に似ていたし，1 時間，1 週間，1 ヶ月後も父親に似ているはずである）。

　ところで，(1) のような分類を見せられると，各動詞は必ず動態動詞か状態動詞かのどちらかに分類されると思われるかもしれない。実際はそんなことはなく，多くの動詞は動態動詞としても状態動詞としても使うことができる。（これも多くの名詞が，第 2 章で見たように，可算名詞としても不可算名詞としても用いられるのと平行している。）次の例を見てみよう。[3]

　(4) a.　A hedge surrounds the house.
　　　 b.　The SWAT team is surrounding the house.

　(4a) では，動詞 surround は現在形をとっているので，状態動詞として使われていることがわかる。surround は，生垣の動きや変化を表しているのではなく，生垣と家の間の「囲み・囲まれる」という位置関係（状態）について述べているわけである。一方，(4b) では，surround は現在進行形をとっているので，動態動詞として用いられている。すなわち，始まりと終わりがある動作である「包囲する」の意味で用いられ，「SWAT チームがその家を包囲しつつある」という変化について描写しているわけである。

　次の例も同様である。[4]

---

[3]　(4) は Langacker (2008: 148) より。

[4]　(5)，(6)，(7) は Langacker (1990: 86, 94) より。

(5) a. His parents <u>have</u> a lovely home in the country.

   b. His parents <u>are having</u> a violent argument.

(6) a. Roger <u>likes</u> his new teacher.

   b. Roger <u>is liking</u> his new teacher more and more every day.

(7) a. Belgium <u>lies</u> between Holland and France.

   b. Peter <u>is lying</u> on the beach right now.

同じ動詞 have が，(5a) では「所有している」という状態動詞，(5b) では「(口論を) する」という動態動詞として用いられている。like は，ふつう (6b) のように「好きだ」という状態動詞として用いられるが，(6b) では「好きになる」という変化を表す動態動詞として用いられているため，現在進行形をとることが可能になる。同様に，lie が，(7a) では「位置している」という状態動詞として用いられているのに対して，(7b) では「横たわる」という意味の動態動詞として用いられている。

2. 現在形の用法

では，動詞が現在形で使われるときに，どのような意味になるのかいくつかの用法に分けて見ていこう。

2.1. 現在の状態

先に述べたように，状態動詞が現在形で用いられると，動詞が表す事態が現在において成立している，すなわち「現在の状態」を表す。

(8) a. Harry <u>resembles</u> his father.

   b. Paul <u>knows</u> the answer.

   c. I <u>love</u> her.

   d. Do you <u>like</u> coffee?

たとえば，(8a) では「ハリーが父親似である」という現在成り立っ
ている状態を表している。

　一方，ふつう動態動詞として用いられる動詞が，現在形で用いら
れると，次のような意味を表すことになる。

2.2.　習慣

まず，次の例を見てみよう。[5]

(9) a.　I play golf twice a week.
　　b.　—What do you do (for a living)?
　　　　—I do engineering.
　　c.　It usually snows here in the winter.
　　d.　The sun rises in the east.
　　e.　Water boils at 100℃.

　(9a) の動詞 play は，ふつうは始まりと終わりがある事態を表す
動態動詞として用いられるが，ここでは現在行われている動作では
なく，主語である私の「習慣」を表す。(9b) は職業を尋ねるとき
の決まり文句である。仕事というものは習慣的に毎日行うものなの
で，動詞 do が現在形で使われている。これらが人間の習慣を表し
ているのに対して，(9c) はいわば世界の「習慣」，つまり世界のあ
り方を表していると考えることができる。(9d) や (9e) は「永遠
の真理」を表すと言われる用法である。永遠の真理といっても，現
在成り立つ点においては他の例と同じであると言えよう。

2.3.　予定

　次の例の三つ目の文に注目しよう。動詞 leave は，ふつう動態動
詞として用いられる。[6]

---

[5]　(9a) は Activator，(9b) は RH 大英和，(9c-e) は LDOCE より。
[6]　(10) は G 英和より。

    (10) A: I have a reservation on a tour to Yosemite, but I need to cancel.

           B: What is the date of your tour?

           A: It <u>leaves</u> tomorrow.

           B: Ok … you can only get a 75% refund.

　tomorrow を含んでいることから，ツアーの出発は未来の出来事のはずである。それにもかかわらず，leave が現在形で使われているのはなぜだろうか？　2文目でツアーの日時を聞かれていることから，この文は予定を述べていることがわかる。予定が実現するのは未来（この場合，明日）だが，予定自体は現在成り立っているものなので，現在形が使われているわけである。

2.4.　実況中継・実演

次の例はどのような場面で用いられているだろうか？[7]

    (11) a. Harris <u>passes</u> back to Simms, nice ball—and Simms <u>shoots</u>!

           b. I <u>take</u> three eggs and <u>beat</u> them in this basin. Then I <u>add</u> sugar …

           c. I <u>place</u> the rabbit in the box and <u>close</u> the lid.

　(11a) はスポーツ（ここでは，サッカー）の実況中継で用いられる表現である。これに対して，(11b) は料理番組での料理の手順の説明，(11c) は手品の実演において用いられている。実況中継は，目の前で行われる選手の動きを見て，それを間髪置かずに描写するものである。(11b)，(11c) も，他者ではなく，自分の動作を実況中継していると考えれば，(11a) と共通すると言える。

----

[7]　(11a) は Swan (2016: §3.33)，(11b, c) は Palmer (1987: 59) より。

2.5.　歴史的現在

　次の例では Last night という語句が含まれていることからわかるように，2.3 節で見た用法とは逆に，過去の出来事が描写されている。過去の出来事を現在形を用いて表現するため，この用法は「歴史的現在」と呼ばれることがある。[8]

(12)　Last night Blackie comes in with this huge dead rat in her mouth and drops it right at my feet.

　歴史的現在は，過去の出来事を鮮やかに，目の前で起きているかのように臨場感をもって伝えたいときに用いられるとされる。いわば，過去の事態をいま目の前で起きているかのように頭の中で思い浮かべながら，実況中継するというわけである。その点で，この用法は 2.4 節の用法とつながっていると言える。

2.6.　遂行文

　次の文を見てみよう。[9]

(13)　a.　On my authority as chairperson I order you to leave the room.
　　　b.　I promise that I will come to your party.
　　　c.　I apologize for losing my temper.

　これらの文が興味深いのは「発話することが，動詞が表す行為を遂行することになる」という性質をもっている点である。ふつう，文を発することと，動詞が表す行為を行うこととは一致しない。たとえば，私が "I run." と言ったからといって，自分が走ったことにはならない。実際にからだを動かして走らないとだめである。しかし，上の例では文を発することによって，それぞれ「命令」「約

---

[8]　(12) は Yule (1998: 61) より。
[9]　(13a) は新和英大，(13b, c) は LDOCE より。

54

束」「謝罪」という行為が行われることになる。このような特殊な性質をもった動詞は「遂行動詞」と呼ばれ，主語にふつう一人称単数 I をとり，現在形で用いられる。この形をした文のことを「遂行文」という。

3. 現在形の意味

2節では，動詞が現在形で用いられる場合のさまざまな用法を概観した。一見，さまざまに見えるこれらの用法になにか共通点はあるだろうか？ 別の言い方をすると，動詞の現在形の諸用法が共通して表すような〈意味〉を抽出することはできるだろうか？ さきほど，「現在成り立っている事態」を描写するのに状態動詞は現在形を用いることができるが，動態動詞はできないことを見たが，ここにヒントがありそうだ。「現在」を「発話時」と言い換えると，次のように考えることができる (Langacker (1990: 89, 1991: 250))。

(14) 現在形の意味：動詞が表す事態が発話時において成立している。

ここで「発話時」とは，「文を言い始めてから言い終わるまでの時間」を指すこととしよう。つまり，始まりがあって，終わりがある区切られた時間を指すわけである。たとえば，(13b) の場合，"I … と言ってから … party." と言い終わるまでの時間が発話時である。

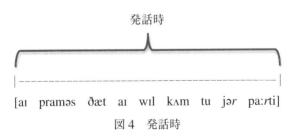

図4　発話時

　状態動詞が表す事態は，定義上，どの時点でも成り立つものである。先にみたように，resemble が表す「似ている」という事態は，昨日も一昨日も成り立っていたし，今日も成り立っているし，明日も成り立つ。ということは，たとえば，「ハリーが父親似である」という事態は，Harry resembles his father. という文の発話時（"Harry … と言い始め，… father." と言い終わるまでの時間）においても当然成り立つことになる。このように，状態動詞は（14）を満たすので，現在形で用いることができるわけである。

父親似の状態

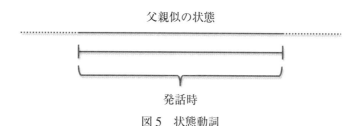

発話時

図5　状態動詞

　では，2節で見た他の用法についても（14）が成り立つかどうか考えてみよう。まず，2.2節の「習慣」と2.3節の「予定」は，いずれも一種の〈状態〉を表していると言える。例文をもう一度見てみよう。

(9a)　I play golf twice a week.　［習慣］

(10)　It leaves tomorrow.　［予定］

「習慣」とは「いつもそうする事が，その人の決まりになっていること」（新明解国語辞典第7版）であり，「週に2回ゴルフをする」という習慣は，今週だけでなく，先週も先々週も，そして来週も再来週も成り立つものである。その意味で習慣は〈状態〉の一種と言える。習慣が状態である限り，（9a）の発話時，すなわち，"I … と言い始めて，… week." と言い終わるまでにおいても，「週2回ゴルフをする」という習慣は成り立っているわけである。このように

習慣は（14）を満たすので，現在形が用いられる。つまり，動詞 play は，プレーの開始と終了によって区切られた事態を表す動態動詞として用いられるのがふつうだが，（9a）では「プレーする習慣にある」という意味の状態動詞として用いられていることになる。

「予定」も同様である。予定はそれが表す未来の出来事が実現するまで成り立っている。（10）のツアーの予定は，今日だけでなく，昨日も一昨日も成り立っていたし，キャンセルしなければ，明日の出発前までは成り立っているわけである。その意味で，予定も〈状態〉の一種と言える。そうすると，（10）の表す予定は，（10）の発話時においても成り立っていることになる。習慣と同様，予定も（14）を満たすので，現在形が用いられるわけである。ここでも，ふつうは動態動詞として用いられる leave が，「出発する予定である」という意味の状態動詞として用いられていると考えられる。

他方，動態動詞は，状態動詞とは異なり，表される事態が発話時において成り立つのは難しい。1 節で見た通り，動態動詞は，始まりがあって終わりがある区切られた事態を表す。同様に，発話時も，始まりがあって終わりがある区切られた（しかもふつうは短い）時間の幅を指す。そのため，発話時において動態動詞が表す事態が成り立つのは困難となる。たとえば，熱々のラーメンを 1 杯食べるのには 5 分はかかるだろうが，Taro eats a bowl of ramen. という文を発話するには 5 秒とかからない。私が "Taro … と言い始めてから … ramen." と言い終わるまでの間に，太郎がラーメンを食べ終わることはまず無理だろう。このように，動態動詞はふつう（14）を満たさないので，現在形では用いられないわけである。

しかし，発話時において動態動詞が表す事態が成り立つような特殊な状況がある。それが 2.4 〜 2.6 節でみた用法である。一番わかりやすいのが，2.6 節の遂行文の場合だ。遂行動詞は，発話することが行為を行うことであるので，（13b）において，"I … と言い始めてから，… party." と言い終わるまでの発話時において「約束」という行為が成り立つことになる。2.4 節の（11b, c）でみた料理

や手品の実演の場合も同様に考えることができる。こうした実演を
行う場合，発話に合わせて動作を行うことができるので，(11b) の
I take three eggs. という文を言い始めてから言い終わるまでの間
に，卵を三つ取り出せば，動態動詞 take の表す事態が発話時にお
いて成り立つと言えるわけである。2.5 節の歴史的現在の場合も，
自分で過去の事態を頭の中で再現し，それに合わせて発話するとす
れば，動態動詞の表す事態が発話時において成り立つと言えるだろ
う。問題となりそうなのは，2.4 節の (11a) のようなスポーツの実
況中継の場合だ。実況中継の場合，選手の動作を見てから，アナウ
ンサーがそれを言葉で描写するので，どうしても描写対象となる動
作よりも発話が遅れることになる。しかし，その差は 1 〜 2 秒と
いうようなごくわずかなものだろうから，選手の動作の始まりと終
わりが，アナウンサーの発話の始まりと終わりに重なると便宜的に
みなすことで，(14) が満たされると考え，現在形が使われるのだ
と考えられる。(これは実際は少し遅れるにもかかわらず「同時通
訳」(simultaneous interpretation) と言うのと同じことである。)

4.　進行形の用法

　さて，次に進行形の話に移ることにしよう。1 節で進行形になる
ことができるのは動態動詞であることを見た。進行形が表す意味
は，動態動詞のタイプによって異なり，次のような用法に分類する
ことができる。

4.1.　進行中の行為
　私たちが進行形といって真っ先に思い浮かべるのが次のような用
法である。

(15) a. —What are you doing?

　　　　—I'm writing a letter.

　　b. They were having breakfast.

　　c. He was ironing.

これらは「〜している」と訳すことができるものである。たとえば，(b) の have breakfast は，日本人だったら「いただきます」で始まり，「ごちそうさま」で終わるような時間的に区切られた行為を表す。進行形にすると，その行為の最中であり，動きが進行中であることを示すことになる。[10]

---

[10] 「行為解説」の進行形と呼ばれる用法がある。いくつか実例も見ておこう（いずれも Sidney Sheldon, *Nothing Lasts Forever* より）。

(i) "Paige … it's *my* life. Let me do with it as I like."
　　She looked over at the helpless figure locked in his pain.
　　"I'm begging you …"

(ii) At the door, the Shadow turned and said, "Say hello to Mike for us."
　　Kat was suddenly very still. "Is … is this some kind of threat?"
　　"We don't threaten people, doc. We're telling you. […]."

(iii) "No, wait. Let me finish. Kat, I think we're rushing into things too fast. I … I think I proposed too hastily."
　　She paled. "What … what are you saying?"
　　"I'm saying that I think we should postpone everything."

下線部が行為解説の進行形であり，いずれも，二重下線を引いた直前の自分の発話の意図を解説している（発話意図は (i)，(ii) では動詞 beg, tell によって，(iii) では say がとる that 節によって解説されている）。この用法についてはさまざまな説明が提案されている（清水 (2013) 参照）。ここでは次のように単純に考えてみることにする。英語の現在進行形は，必ずしも発話時において行為が進行中でなくても柔軟に用いることができる。たとえば，I'm writing a book on Shakespeare. と言った場合には，(15a) とは違って，発話時において実際に手を動かして書いている必要はない。ただ，いずれの場合も自分の行為（手紙／本を書いている）を解説していることには変わりない。この柔軟性を利用して，自分の直前（つまり，近い過去）の発話に関して進行形を用いたのが「行為解説」の進行形であると考えられる。自分の過去の行為についてわざわざ解説するということは，自分の意図が相手に通じていない，誤解されているような場合がふつ

4.2.　反復

次の例は，上で見た用法とどう違うだろうか？[11]

(16) a.　She is blinking.

　　 b.　Someone was knocking on the door.

　　 c.　Gloria was tapping her feet in time to the music.

これらの例も，(15) と同様に，「彼女はまばたきしている」「誰か
がドアをノックしている」のように「～している」を使って訳すこ
とができるが，描写されている事態の性質は違っている。(15a)
は，「朝食を食べる」という区切られた行為の最中，言い換えると，
朝食を食べ始めてから食べ終わるまでの途中の段階にあることを意
味するが，(16) はそうではない。たとえば，(16a) は，まばたき
し始めてからまばたきし終わる途中の段階，つまり「まばたきしつ
つある」ということをふつうは意味せず，「何度も何度もまばたき
している」という〈反復〉を表す。

　(16) で用いられている動詞 blink, knock, tap は，瞬間的に終
わる動作を表す。「朝食を食べる」という動作は始まりから終りま
で 10 分くらいかかるだろうが，「まばたきをする」という動作は 1
秒とかからないだろう。このように，瞬間的な動作を表す動詞を進
行形にすると，「何度も何度も（繰り返し）～している」という動作

うだろう。そのため，「行為解説」の進行形は「釈明」の意味合いを帯びることが
多い。主語が一人称単数以外の場合，文が平叙文以外の場合 (cf. (iii) の What
are you saying?) も類比的に考えることができる。また，(iv) のように be 動詞
が進行形になる場合は，状態動詞 be の意味が 'behave'（行為する，振る舞う）
の意味に変化していると説明されることがあるが，「行為」の意味は be 動詞に
還元されるのではなく，「行為解説」の進行形という構文全体が担っている意味
だと考えることもできる。

　(iv)　I'm not being sarcastic. This is what I really feel.　　（新和英大）

なお，「もう泣くなよ。あやまってるだろ」のように日本語のテイル形にも行
為解説の用法が認められる。

[11] (16b, c) は LDOCE より。

60

の反復を表すようになる。

4.3. 推移

次の例は，どう訳せばよいだろうか？[12]

(17) a. Just then a bus was stopping at the corner. George liked to ride the bus. Maybe it could take him back to his friend. Quickly, he hopped on the bus and away they went.

b. Isabella wrote that she was dying, and asked him to visit her for the last time.

進行形が「〜している」と訳すのがふつうだからといって，これらの例文を「止まっている」「死んでいる」と訳すと誤りになる。(a) のバスはまだ停車していないし，(b) の老人はまだ死んでいないからだ。これらは，「止まりかけている（止まりそうだ）」「死にかけている（死にそうだ）」という意味を表す。

stop という動詞は，停止状態へ向けて徐々にスピードを落としていき，最終状態に到達することを表す。die も，死へ向けてだんだん呼吸，脈拍，血圧が落ちるなど局面が変化していき，最終状態に到達することを意味する。こうした最終状態への到達を表すような動詞は，進行形で用いられると，「〜しかけている，今にも〜しそうだ」という〈推移〉を表すようになる。

次の例も推移を表しているという点では同様に考えることができる。[13]

[12] (17a) は Margaret Rey and H. A. Rey, *Curious George at the Parade*, Houghton Mifflin Company, p. 17 より。(17b) は LDOCE より。

[13] (18a) は新英和大より。(18b) は J. K. Rowling, *Harry Potter and the Sorcerer's Stone*, Scholastic Inc., p. 78 より。

(18) a.　He was resembling his father increasingly.
　　 b.　He (＝Harry) was liking the boy less and less every second.

　resemble や like は，(2b) と (6a) でみたように，ふつうは状態動詞として用いられるため，進行形にならない。上の例で進行形で用いられているということは，これらの動詞がここでは状態動詞ではなく，動態動詞として用いられていることを示している。つまり，「似ている」「好きだ」という状態ではなく，「似てくる」「好きになる」という変化を表しているわけである。increasingly という副詞や less and less のような比較級の表現によって，これらの例が推移を表していることがわかる。

5.　進行形の意味

　4節でみた進行形の諸用法に共通点はあるだろうか？　進行形の典型的な例として〈進行中の行為〉を表す例をもう一度みよう。[14]

(19) a.　They were having breakfast when I arrived.
　　 b.　He was ironing when I arrived.

　これは (15b, c) の例に when I arrived をつけたものである。たとえば，「朝食をとる」は，食べ始めから食べ終わりまでの区切りのある行為であり，私が到着したときにはその最中，途中だったということを上の例文は示している。つまり，進行形は，始まりと終わりがある動作や行為の中へズームインしていくことを表している。図示すると下のようになる。

---

[14] (19) は OALD より。

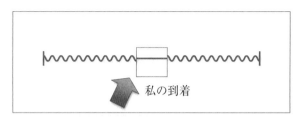

図 6　進行形の意味

├─┤ は朝食の食べ始めから食べ終わりまでを示している。四角は
カメラのフレームのようなものと思っていただきたい。have
breakfast は外側の大きな □ の中に ├─┤ が収まっていることを示す。
一方，be having breakfast という進行形は，内側の小さな□へと
ズームイン（図では ⇒ で示す）することを表す。そうするとどう
なるだろうか？ 最初フレームに収まっていた動作の始まりと終わ
り（図の ├─┤ の両端の部分）がフレームからはずれてしまう。それ
と同時に，ズームインした部分は（うんと近づいて曲線を見ると直
線と区別できなくなるのと同じように）動態動詞が表すはずの局面
の変化が捨象・均質化される。その結果，フレームに入るのは「朝
食を食べているところだ」という均質的な局面の持続となる。

　動作の始まりと終わりがフレーム内にないということは，図 3
でみた状態動詞が表す意味と同じである。そうすると，進行形と
は，動態動詞が表す事態を状態動詞化するものだと言える。[15] まと
めると，次のようになる。

(20)　進行形の意味：展開する局面の内部にズームインするこ
　　　とによって，動作の始まりと終わりを背景化し，均質的

---

[15] 1 節で動態動詞と状態動詞の関係が可算名詞と不可算名詞の関係と等しいこ
とをみたが，それに基づけば，They have breakfast というモノを時間的にスラ
イスして一部を取り出すと They are having breakfast という物質が得られる，
別の言い方をすると，前者は後者の集まりから構成されると言えることになる。

な局面の持続を表す。[16]

　この規定は，進行形の他の用法にもあてはまる。まず，(16) の
ような瞬間的動作を表す動詞の進行形について考えてみよう。たと
えば，blink は，まばたきし始めてから，まばたきし終わるまでの
区切りがある動作を表すが，それに要する時間は一瞬にすぎない。
そのため，「朝食をとる」のような場合と違って，まばたきの途中
にズームインすることは困難だし，そうしたことを伝達する必要性
もまず生じない。しかし，瞬間的な動作であっても，それが反復さ
れると，「朝食をとる」と同じように始まりと終りがあり，かつ十
分な時間幅のある動作が出来上がり，その内部にズームインするこ
とも可能となる。1回のまばたきを ├─┤ で表すと，次のように図示
できる。つまり，進行形にできる場合は，blink の意味が「ぱちり
とまばたきする」から「ぱちぱちまばたきする」のように変化して
いることになる。

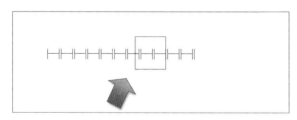

図7　反復

　次に，(17)，(18) のような推移を表す進行形について考えてみよ
う。たとえば，die という動詞は，生から死という最終状態へ到
達することを意味する。しかし，その到達の瞬間にズームインする
ことは，blink のような瞬間的な動作を表す動詞の場合と同様に困
難である。そこで，die が表す事態を，死という最終状態へ向けて

─────────

[16] Langacker (1990: 91-92) 参照。

だんだん呼吸，脈拍，血圧が落ちていくプロセスとみなすと，その内部にズームインすることが可能となる。このことを，最終状態を | で表して図示すると，次の図のようになる。

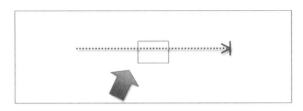

図8　推移

　(18) の「似てくる」を意味する resemble の進行形については，似始めと似終わりがある変化の内部にズームインするものと考えればよいだろう。

　このように進行形の意味を (20) のように考えると，ほかにもさまざまなことが説明できるようになる。第1に，1節で状態動詞は進行形にすることができないことをみたが，これは進行形の本質が「動態動詞を状態動詞化すること」にあるのならば，もともと状態を表す状態動詞はわざわざ進行形にする必要がないからだと説明することができる。

　第2に，進行形が，現在形と比較して，〈一時的〉という意味を帯びることが説明できる。ふつうは状態動詞として用いられる live と be が使われている次のペアを比較してみよう。[17]

(21)　a.　Your parents live in North London, don't they?
　　　b.　My sister's living at home for the moment.[18]

---

[17] (21) は Swan (2016: §3.32)，(22b) は LDOCE より。

[18] live の現在形と進行形については，チェチェン共和国の同性愛兵士を取材した番組からの次の実例も参照。

　　Each of the men who met with ABC news over the last year have fled

(22) a.　Reg is very nice.

　　 b.　Reg is being very nice all of a sudden.　What's his game?

　現在形が使われている（a）では，live, be は状態動詞として用いられており，主語の居住地や性格についての〈恒常的〉な状態を表す。一方，進行形が用いられている（b）では，live, be は動態動詞として用いられ，「当座は実家に住んでいる」「親切にしている」というように居住地や性格が〈一時的〉なものであることを表している。なぜ進行形を使うと〈一時的〉という意味を帯びることがあるのだろうか？　進行形は，図6が示すように，背景化するとはいえ，動態動詞が表す始まりと終わりがある動きや変化をベースとして，その内部にズームインしていくことを表す。つまり，「実家にいる」「親切だ」ということにはいずれは終わりがくるということが背景にある。そのため，〈一時的〉という意味が生じることになるわけである。

　次のペアでは，動態動詞 walk が現在形と現在進行形で用いられている。[19]

(23) a.　His office is only about fifteen minutes away, so he walks to work.

───────────

and started new lives.　Ricky is living in an asylum center in Europe.　He doesn't want to ever return to Chechnya.　Since our interview Omar has escaped Chechnya.　He is seeking asylum in Europe.　Amin gained asylum in North America in 2017.　He lives with his boyfriend, Viskhan, who is also a Chechen refugee.

(ABC World News "Am I Next? Gay and Targeted in Chechnya", 10/25/2019)

亡命を求めて一時的にヨーロッパの保護収容所にいる Ricky については現在進行形が用いられ，亡命が認められ北米に定住する Amin については現在形が用いられている。

[19]　(23) は Depraetere and Langford (2020: 196) より。

b. He's walking to work this week because his car is at the garage.

　（23a）では walk は状態動詞として用いられており，2.2 節でみたように習慣を表す。一方，（23b）の walk は進行形になっているので動態動詞として用いられており，時間的に区切りがある繰り返し行われる行為，すなわち，いつかは終わりがくる〈一時的な習慣〉を表すことになるわけである。一時的だということは this week「今週は」という時間表現に反映されている。[20]

　最後に，進行形が「話し手のいらだち」を表すことがあるのを説明できる。次の例を見てみよう。[21]

(24) a. Nothing satisfies him—he's always complaining.
　　 b. She is always boasting about how wonderful her children are.

　たとえば，（24a）では彼がいつも不平ばかり述べていることに対する話し手のいらだちを表している。これらの例も繰り返し行われる行為を表すと考えられる。典型的な進行形の用法である（19）では，when I arrived によって動作にズームインする時が示されていたが，この例では「いつ会っても（見ても）」のような時を表す表現が省略されていると思えばよいだろう（cf. Whenever you see koalas, they're always taking a nap.）。いつ見ても相手が同じことをしていれば，いらだつこともあろうというものである。もちろん，実際には不平を言っていないときもあるはずなので，「いつ会っても不平を言っている」というのは誇張した言い回しである

---

[20] 次の例では一つの文の中に現在形と現在進行形が対比的に用いられていて興味深い。

(i) I usually get up at six o'clock, but this week I'm getting up at seven.
(Keene and Matsunami (1969: 45))

[21] (24a, b) は OALD より。

（安藤（2005: 117-118））。ただし，いつでも always がついた進行形が「話し手のいらだち」を表すわけではなく，次のように良い意味で使われる場合もある。[22]

(25)　He is always helping people without expecting anything
　　　in return.

6.　まとめ

　本章では現在を表す動詞の現在形と現在進行形について考察した。現在形と現在進行形は，動詞の形の問題だけでなく，それぞれ(14)，(20) という意味を表していることを見た。これらの意味により，どういう場合に現在形が用いられ，どういう場合に進行形が用いられるか，また，(5)-(7)，(21)-(23) のように両者が用いられる場合にどのような意味の違いがあるかが説明可能となる。

〈基本文献〉
大江三郎（1982）『講座・学校文法の基礎 第4巻　動詞（I）』研究
　　社
柏野健次（1999）『テンスとアスペクトの語法』開拓社
吉良文孝（2018）『ことばを彩る1：テンス・アスペクト』研究社
Geoffrey Leech（2004）*Meaning and the English Verb*. Third
　　Edition. Longman／ひつじ書房

---

[22]　(25) は LDOCE より。

第5章　時間表現2：完了形

　本章では，過去の出来事に関係した表現として用いられる現在完了形を取り上げることにする。特に，現在完了形はどういう意味を表すのに用いられ，過去形とはどのように違うのかを中心に考えたいと思う。さらに，現在完了形とのつながりで，過去完了形と未来完了形についても簡単に触れることにする。

1.　現在完了形

1.1.　現在完了形の意味

　学校では，現在完了形（have + 過去分詞）には四つの用法があるとよく教えられる。[1]

(1)　a.　It's so cold that even the river has frozen.　　［結果］

　　　b.　The clock has just struck three.　　　　　　　　［完了］

　　　c.　I have taught in this school for ten years.　　　［継続］

　　　d.　All our children have had the measles.　　　　　［経験］

---

[1]　(1a, b) は OALD，(1c) は G 和英，(1d) は OCD より。

（1a）は川が凍った結果，凍結状態に現在あること，（1b）は時計が
3時を打つことがたった今完了したということ，（1c）は私が10年
間継続してこの学校で教えているということ，（1d）は子どもたち
がはしかにかかった経験があるということについて述べている。し
かし，現在完了形の用例をこれら四つの用法のどれか一つにだけ必
ず分類できるというわけではない。[2] たとえば，（1c）は，10年間
勤務し続けてきたという点では〈継続〉を表すが，10年間教え続け
た結果，古株の教師になったという点では〈結果〉でもあるし，10
年間の教師生活というのはその人の〈経験〉でもあるからだ。また，
同じ文がコンテクストによって表す意味が変わることがある。たと
えば，Have you read *Hamlet*? は，読書歴を尋ねる文脈では〈経
験〉を表すが，読書感想文の課題に『ハムレット』が課されている
クラスメート同士の会話では，〈完了〉を表すことになるだろう。[3]

　それでは，これら個々の用法を越えて，現在完了形に共通する意
味はあるだろうか？　次の例を見てみよう。[4]

(2) a.　I can't go on holiday because I have broken my leg.
　　b. *I can't go on holiday because I broke my leg.

この例において「休暇に出かけられるかどうか」は現在の問題であ
るのに対して，「足を骨折した」ことは過去に起きた出来事である。

---

[2] 動詞の意味によって現在完了形がどの用法を表すことになるかについては，
三原（1997: 122-135），中島（2006: 46-52）を参照。

[3] 同様に，著者の経歴を紹介した次の例では，teach を使った現在完了形が
(1c) のような「継続」ではなく，「経験」の意味になる。

　　(i)　Julia Annas is Regents Professor of Philosophy at The University of
　　　　Arizona.　She has also taught at the University of Oxford and Co-
　　　　lumbia University.
　　　　(Julia Annas (2000) *Ancient Philosophy: A Very Short Introduction*,
　　　　Oxford University Press)

[4] (2) は Swan (2005: 438) より。

このことを現在完了形で表した（2a）が容認されるのに対して、過去形で表した（2b）が容認されないということは、現在完了形が単に当該の出来事が過去に起きたことを表すのではなく、それが「現在への関連性」をもつことを示唆する。[5] つまり、現在完了形は、その形——have の現在形が用いられる——からわかるように、過去のことではなく、あくまで現在について語っているというわけである。

こうした「現在への関連性」がないと、現在完了形は適切に使うことはできない。次のペアを比較してみよう。[6]

(3) a. Shakespeare has written impressive dramas.
    b. *Shakespeare has probably learnt Italian.

ともにシェイクスピアが過去に行った行為について語っているが、（3a）では現在完了形が使えるのに対して、（3b）では使えない。どうしてだろうか？ シェイクスピアが過去に素晴らしい戯曲を書いたことは、私たちが現在その上演を鑑賞したり、本で読んだりすることができるという点で「現在への関連性」をもっている。これに対して、シェイクスピアが過去にイタリア語を学んだことが現在に対してどのような関連性をもつかは想像しにくい。この差が（3）のペアの容認性の違いに結びつくと考えられる。

---

[5] 逆に、現在において負傷が癒えているのなら、次の（ib）のように現在完了形は使えない（Quirk et al. (1972: 91)）。

(i) a. Peter has injured his ankle and it's still bad.
    b. *Peter has injured his ankle but now it's better.

[6] （3a）は R. Lakoff (1970: 844)、（3b）は Swan (2016: §5.48.1) より。（3a）と類似した次の文について Berk (1999: 112) は容認されないとしている。

(i) *William Shakespeare has written 37 plays.

シェイクスピアが 37 作書いたというのは過去の出来事にすぎず、すでにこの世を去ったシェイクスピアが 38 作目を書く可能性はないので、完了の意味には解釈できないからであると考えられる（Declerck (1991: 99) も参照）。

　以上のことから，現在完了形の意味を次のようにまとめることができる。[7]

　　(4)　現在完了形の意味：　過去に生じた出来事が何らかの点で
　　　　　「現在への関連性」をもつ。

これを図示すると，次のようになる。

　　(5)

　　　　　　　　E　　　　　　　　　　　　S = R

Eが出来事が起きた時点，Sが発話時（＝現在），Rが基準となる時点を表すとすると，現在完了形は，基準となる現在よりも以前に起きた出来事が，現在に対して関連性（点線の矢印で表している）をもつというわけである。
　(4)の「現在への関連性」という概念は，なかなか理解しにくいかもしれない。この概念を感覚的につかむために，もっと例を見る

----

[7] 完了形はもともと〈have＋目的語＋過去分詞〉の形をしていて，結果所有を表していた（cf. 中尾・児馬（編）(1990: 110–117)，Carey (1995)）。現代英語でもI have some money saved. のように言うことができる。この例を基にして言えば，「お金を貯めた状態でもっている」ということは，いつでもそのお金を利用することができるという「関連性」を主語が所有していることを示す。完了形が発達するにしたがって「関連性」は主語に限らず，話し手や発話状況へと拡散していったとされる。たとえば，(3a)の関連性は（主語のシェイクスピアにではなく）話し手も含めた世界の人々に対して存在するわけである。（こうした現在完了形が表す「関連性」は，We have a lot of coyotes around here. のようなhaveの使い方においても観察されるとLangacker (1990: 337–341) は指摘している。「関連性」がさらに希薄化し，出来事が最新で重要であることだけを示すようになったのが 'hot news'（最新ニュース）を表す現在完了形の用法（例：Former Mississipi senator Thad Cochran has died. ... Thad Cochran was 81 years old.）であるとCarey (1995) は主張している。

72

ことにしよう。[8]

    (6) a. I've <u>cut</u> my finger.
        b. He's <u>broken</u> the window.
        c. They've <u>fallen</u> in the river.
        d. My sister <u>has learnt</u> French.

これらの例は，過去に起きた出来事が現在に痕跡を残していることを意味する。(6a) は少し前に指を切り，現在も出血が続いていること，(6b) は以前に割った窓ガラスが現在も修理されていないままであること，(6c) は少し前に川に落ちた人がまだ救助されていない，あるいは岸にあがったけれど服がまだ濡れているということを表している。いずれにおいても，過去の出来事の痕跡が現在観察可能であるという点で「現在への関連性」をもっているわけである。もちろん，「現在への関連性」は，このように目に見える形で観察可能な場合だけではない。(6d) では過去にフランス語を習得した結果，今でもフランス語ができるという意味で現在への関連性をもっている (cf. (3b))。

1.2.　現在完了形 vs. 過去形

　現在完了形は，このように「現在への関連性」をもつという点で，過去形とは区別される。次の現在完了形と過去形のペアにはどのような意味の違いがあるだろうか？[9]

    (7) a. They've <u>gone</u> away.　They'll be back on Friday.
        b. They <u>went</u> away, but I think they're back at home now.

---

[8] (6a–c) は Palmer (1987: 49)，(6d) は Swan (2016: §5.48.1) より。
[9] (7), (8) は Murphy (2019: 26, 28) より。

(8) a. Jack lives in Los Angeles. He <u>has lived</u> there for seven years.

　　b. Jack <u>lived</u> in New York for ten years. Now he lives in Los Angeles.

　(7a) の現在完了形は，出かけた結果として，今も戻ってきていないことを示唆するのに対して，(7b) の過去形は，しばらく前に出かけたことを表すだけで，もう戻ってきていても構わない。この違いが後続の文に反映している。同様に，(8a) の現在完了形は，過去に住み始め，現在も住んでいることを示すのに対して，(8b) の過去形は，過去に住んだことを表すだけで，現在は住んでいないことを示唆し，実際後続の文で現在は他のところに住んでいることが示される。

　このように，過去形は出来事が特定の過去に起きたことを表すのに対して，現在完了形は過去に起きた出来事の現在への関連性を表し，あくまで現在について語っている点で異なる。このことは特定の過去時を示す副詞表現（下の例では last week）が過去形とは生じるが，現在完了形とは生じないこととつながる。[10]

(9) a. Tom <u>hurt</u> his leg last week.

　　b. *Tom <u>has hurt</u> his leg last week.

次に疑問文の例を見てみよう。[11]

(10) a. <u>Have</u> you <u>seen</u> the Monet exhibition?

　　b. <u>Did</u> you <u>see</u> the Monet exhibition?

---

[10] (9) は Swan (2016: §5.48.2) より。「足を負傷した」という出来事が特定の時に生じたことを過去形を用いた (9a) では示せるのに対して，現在完了形を用いた (9b) では示すことができない。この点で，動詞の過去形と現在完了形は，名詞につく定冠詞と不定冠詞の区別と平行すると考えられる (cf. Declerck (1991: 104), Leech (2004: 42-43))。

[11] (10) は Leech (1969: 156) より。McCawley (1981: 82) も参照。

74

　現在完了形を使った（10a）では，話し手は「モネの展覧会に行った」かどうかを現在への関連性がある問題だとみなしている。すなわち，もしまだ見に行っていなかったなら，これからでも見に行くことができるとみなしているわけで，（10a）は展覧会がまだ開催中である場合に用いられる。一方，過去形を用いた（10b）では，話し手は「モネの展覧会に行った」かどうかをすでに終わった問題とみなしている。すなわち，まだ見に行っていなくとも，これから見に行くことはできないとみなしていることになり，（10b）は展覧会が終わっている場合にふつう用いられる。[12]

2. 現在完了進行形

　次に，進行形を現在完了形にした形式をもつ現在完了進行形（have been -ing）について見てみよう。進行形が，前章で見たように，動態動詞を基にしてしか作れなかったのと同じく，現在完了進行形も動態動詞から作られる。動態動詞の現在完了進行形は，動作の〈継続〉を表すのが基本である。

(11) a. I've read your book.

　　 b. I've been reading your book.

　　 c. I'm reading your book.

---

[12] 同様に，ピーターセン（2010: 74）は，次のペアについて，現在完了形を用いた（ia）では「これまで勇気を出せていなくても，これからは出せるようになる可能性がまだある」，過去形を用いた（ib）では「これまで勇気を出せていなければ，いまさら出せるようになることはあるまい，本人もあきらめているだろう」という話し手の意識が表されていると指摘した上で，母語話者ならではの興味深い観察を展開している。

　(i) a. Have you managed to get up the courage to ask her out?

　　 b. Did you manage to get up the courage to ask her out?

現在完了進行形の（11b）は，現在完了形の（11a）とは異なり，本はまだ読み終わっていないことを表す。また，現在進行形の（11c）とも異なり，「いま本を読んでいる」ことだけでなく，「いつから読んでいるか」も意識される。その結果として，「今より前に本を読み始め，今も読んでいる」という〈継続〉を表すわけである。

　動詞が瞬間的な動作を表す場合は，進行形のときと同様，〈反復的な継続〉を表す。[13]

(12) a.　I've been knocking. I don't think anybody's in.
　　 b.　I've been waking up in the night a lot. I think I'll see the doctor.

たとえば，（12b）では「夜中に目が覚める」という出来事が現在まで何度も生じていることを表す。

　一方，状態動詞の場合は，前章で見た現在進行形の場合と同様に，現在完了進行形で用いることはできず，現在完了形のままで〈継続〉を表すことになる。たとえば，状態動詞 know の現在完了形は，「今より前に彼と知り合い，今も知り合いである」という〈継続〉を表す。

(13)　I've known him for a long time.

　ふつうは状態動詞として用いられる動詞の現在完了形と現在完了進行形は，前章5節でみた現在形と進行形の対比と同じく，〈恒常的〉対〈一時的〉という対比を示すことがある。[14]

(14) a.　My parents have lived in Bristol all their lives.
　　 b.　I've been living at Emma's place for the last month.

---

[13]　(12a, b) はそれぞれ Thomson and Martinet (1986: 174)，Swan (2016: §5.50.4) より。
[14]　(14) は Swan (2016: §5.51.2) より。

76

(a) が恒常的で，(b) が一時的な出来事を表しているということは，
"all their lives" と "for the last month" という副詞表現の違いに
表れている。

　最後に，現在完了進行形のちょっと変わった用法について見ておこ
う。[15]

(15) a. Sorry I'm late. Have you been waiting long?
     b. A: Where have you been?
        B: I've been taking the dog for a walk.
     c. A: You look exhausted.
        B: I am. I've been working in the garden all day.

(11b) で見たように，現在完了進行形は，「今より前に動作が始ま
り，それが今まで継続している」ことを表すのが基本だが，上の例
はそうなっていない。(15a) は，話し手が待ち合わせ場所に到着し
てから相手に言っているので，相手の「待つ」という行為はもう終
わっているはずである。(15b) では，B は犬の散歩を終えて帰宅
しているのであって，いま散歩中だというわけではない。(15c)
も，B は庭仕事を終え，家に戻ってきている。このように，これ
らはいずれも，少し前まで継続して行われていた行為の結果が残っ
ているような場面を，現在完了進行形を用いて，発話時まで動作が
継続していたかのように描写していると言える。[16]

---

[15] (15a) は Swan (2016: §5.50.3)，(15b) は Leech (2004: 50)，(15c) は
Depraetere and Langford (2020: 207) より。この用法は発話時に先立つ動作を
表している点で前章の注 10 で触れた「行為解説」の進行形と似ている。

[16] (15c) の文脈で B が I've worked in the garden all day. と言うと容認性が
落ちると Depraetere and Langford (2020: 207) は指摘している。現在完了進行
形が表す「ずっと庭仕事をしていた」という継続性のほうが「くたくただよ」(I
am) という発言と整合するからである。一方，

(i) I've worked in the garden all day. Thank goodness I got rid of all
    those weeds. (Depraetere and Langford (2012: 166))

3.　過去完了形

　現在完了形に比べると，出会う機会は少ないかもしれないが，過去完了形と未来完了形について見ておこう。まず，過去完了形（had＋過去分詞）には，次の二つの使い方がある。第 1 は，現在完了形の使い方が過去へとシフトしたような用法である。すなわち，ある出来事が過去の基準となる時点より以前に生じて，完了，継続，結果，経験といった関連性を表すという使い方である。[17]

> (16) a.　By the time the police arrived on the scene, the burglars had fled.
>
> 　　 b.　I was sorry to sell my car. I had had it since College.
>
> 　　 c.　The goalkeeper had injured his leg, and couldn't play.
>
> 　　 d.　The vet asked how many litters the dog had had.

　（16a）では基準となる過去の時点が By the time ... で示されていて，警察の到着したときまでには，泥棒の逃走は完了していて，現場はもぬけの殻だったことを表している。（16b）では，（16a）と違って，by the time ... のようなわかりやすい形では過去の基準となる時点が示されていないので，何が基準時となるかを文脈的に探す必要がある。ここでは 1 文目で示されている自家用車を売却したときが基準時となり，その時点まで大学時代から車の所有が継続していたことを示す。（16c）では，欠場した試合が基準時となり，それ以前に負った怪我の結果，その試合でプレーできなかったことを示している。（16d）では，獣医が飼い主に尋ねたときが基準時となり，それまでの飼い犬の出産経験が問われている。

のように「庭仕事をし終えた」という完了性を表したいような文脈では現在完了形のほうがふさわしくなる。

[17]　(16a) は LDOCE，(16b) は Swan (2016: §5.53.5)，(16c) は Leech (2004: 47)，(16d) は Activator より。

　過去完了形の第 2 の使い方は，二つの過去の出来事の前後関係を表す用法である。[18]

(17) a.　I had seen him an hour before you arrived.

　　 b.　You've got me there.　I hadn't thought of that.

(17a) は，「私が彼を見た」という過去の出来事は，「聞き手の到着」という過去の出来事より前であること，いわば過去の過去であることを示している。(17b) では，相手に何か指摘されたという（ほんの数秒前の）過去の出来事よりも前に，そんなことは考えたことがなかったという意味で過去の過去を表す過去完了形を使っている。

　過去完了形の意味を (5) にならって図示すると次のようになる。

(18)　　---------------|-----------------|-----------------|----------------->
　　　　　　　　　　E　　　　　　R　　　　　　S

　現在完了形では，現在 (S) が基準 (R) となっていたが，過去完了形では，過去のある時点が基準 (R) となり，それより前に出来事 (E) が起きていることを表す。この出来事が基準の時点に対して関連性を有しているのが第 1 の用法で，単に基準の時点よりも前に起きたことを表すのが第 2 の用法ということになる。

4.　未来完了形

　未来完了形（will have + 過去分詞）は，現在完了形が未来へシフトしたものと考えればよいだろう。次の例を見てみよう。[19]

---

[18]　(17a) は Palmer (1987: 51)，(17b) は OALD より。

[19]　(19a) は OALD，(19b) は LDOCE より。

(19) a. By the time this letter reaches you I <u>will have left</u> the country.

    b. Maybe by then you <u>will have changed</u> your mind.

現在完了形では，現在 (S) が基準 (R) となっていたが，未来完了形では，未来のある時点が基準時となり，それより以前に出来事 (E) が起きていることを表す。たとえば，(19a) では，手紙の到着が基準時となり，それより前に話し手の出国という出来事が終わっているわけである。

  このことを図示すると次のようになる。

(20)
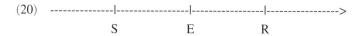

(19) では，「出国」や「心変わり」といった出来事が発話時よりあとに起きているが，次のような場合は，出来事（この例では「魚を食べる」）は発話時より前に終わっていても構わない。[20]

(21) I don't know if John has eaten the fish yet, but he <u>will have done</u> so by the time you return.

  さて，これまで現在完了，過去完了，未来完了と3種類の完了形を見てきた。これら三つに共通する点はあるだろうか？　図 (5)，(18)，(20) を振り返ってみると，いずれにおいても R より E が左にある点で共通していることがわかる。すなわち，基準となる R より以前に出来事 E が生じていること，これこそが完了形すべてに共通する意味と言える。

---

[20] (21) は Comrie (1976: 53) より。

5. まとめ

　本章では，過去の出来事に関係した表現として用いられる現在完了形を過去形との対比において考察した。過去形が単に過去に起きた出来事を表すにすぎないのに対して，英語の現在完了形は，過去に起きた出来事が「現在への関連性」をもっていることを表し，その意味において，過去ではなく，現在について語っているものであることを見た。

〈基本文献〉

大江三郎（1982）『講座・学校文法の基礎　第4巻　動詞（I）』研究社

柏野健次（1999）『テンスとアスペクトの語法』開拓社

吉良文孝（2018）『ことばを彩る1：テンス・アスペクト』研究社

Geoffrey Leech（2004）*Meaning and the English Verb*. Third Edition. Longman／ひつじ書房

第6章　時間表現 3：未来を表す表現

　英語には，過去形のように動詞に -ed のような語尾をつけて作るような未来形という時制はなく，いくつかの表現形式が未来の意味を表すのに用いられる。本章では，その中から① will，② be going to，③ 現在進行形，④ 現在形，⑤ will＋進行形，をこの順番で取り上げて，それぞれの形式が表す意味およびその違いについて考えることにする。

1．will

　will は，もともと「望む，欲する」を意味する動詞だったが，現在では法助動詞（次章で扱う）として使われる。[1] この原義に近いのが，次の〈意志〉を表す will の用法である。[2]

---

　[1] この原義は，Call it what you will. の will や，名詞の will「意志，遺言」に痕跡をとどめている。
　[2] (1a, d) は OALD，(1b) は LDOCE，(1c) は O 和英より。

82

(1) a. I will remember it to my dying day.
    b. —Come to the party.
       —I will. I wouldn't miss it for the world.
    c. If I see you around here again, I will call the police.
    d. What will you do if you fail?

will のもう一つの用法が，〈推測〉を表す使い方である。[3]

(2) a. I will be 80 years old in the coming year.
    b. Her birthday will fall on a Friday this year.
    c. The polls will close in an hour.
    d. Perhaps it will snow tomorrow.
    e. Who do you think will win the next election?

上の例文のうち，(2a–c) は，時間が経てば（ほぼ）確実に起こる未来の事態について描写しており，〈推測〉の意味はあまり目立たない。これに対して，(2d, e) になると，不確実な未来の出来事についての話し手の〈推測〉を表していることが明確である。また，未来に関してだけでなく，will は現在の事態に関して推測する際にも用いられることがある。[4]

(3) a. That will be Tim coming home now.
    b. Don't phone Amy now. She'll be busy.

たとえば，(3a) では玄関先で物音がするのを聞いて「ティムが帰宅したのだろう」と推測しているわけである。

---

[3] (2a) は新和英大，(2b–e) は LDOCE より。
[4] (3a) は LDOCE，(3b) は Murphy (2019: 44) より。

2.　be going to

will とならんで，未来を表すのによく用いられる表現に be going to がある。be going to も，will と同様，〈意志〉と〈推測〉を表す。まず，〈意志〉を表す例を見てみよう。[5]

(4) a. I am going to see *Twelfth Night* on Saturday.

b. I was going to write Kathy a note, but I decided to call her instead.

c. —Are you going to sell your house?
—Maybe.

d. What are you going to do after you graduate?

e. And now I have a very pleasant duty to perform. I am going to present the prizes to the winning competitors.

f. No matter, I have started my regime of discipline—I am going to avoid late nights as best as I can.

いずれもこれから先の事態について「～するつもりだ」という意志を表している。

次に〈推測〉を表す例を見てみよう。[6]

(5) a. It looks like it's going to rain.

b. He looked as if he was going to cry.

c. His face suddenly became pale and I thought he was going to faint.

---

[5] (4a) は NOAD，(4b) は LDOCE，(4c) は OALD，(4d, e) は Activator，(4f) は OSD より。

[6] (5a–c) は LDOCE，(5d) は Activator，(5e) は Sidney Sheldon, *The Master of the Game*, Ch. 10 より。

    d. The doctor told Ellie that the tests were positive and she <u>was going to</u> have a baby.

    e. "Well, I have some wonderful news for you, Mrs. McGregor," Dr. Teeger beamed. "You<u>'re going to</u> have a baby."

いずれも「これからある出来事が起こりそうだ」という推測を表している。

3.　will と be going to の違い

　上で見たように，will と be going to はともに〈意志〉と〈推測〉の二つの用法があり，私たちにとってその使い分けが問題となる。

　まず，〈意志〉の用法について will と be going to の違いを考えることにする。次のペアを見てみよう。[7]

  (6) a. She<u>'s</u> already <u>going to</u> buy some new shoes; she can't have the coat as well.

       b. *She <u>will</u> already buy some new shoes; she can't have the coat as well.

ここでの already は「新しい靴を買う」という主語の意志が発話時より前に存在していることを表す。この already が be going to とはともに用いることができるが，will とは用いることができないということは，be going to がすでに固められている意志を表すことを示す。次の例も同様である。

  (7) I've decided to quit school.　{I'm going to/?I'll} pursue my passion to be a painter.

第1文では現在完了形を用いて「退学することに決めた」と述べられ，その決断の理由が第2文で述べられている。be going to がこの場面で用いられるのは「画家になる」という意志が退学を決心したときにはすでに固められているからである (cf. (4f))。

　それでは，もう一方の will が表す意志はどのようなものだろうか？　次を見てみよう。[8]

(8)　A:　The phone's ringing.
　　　B:　{I'll / *I'm going to} answer it.

A が「電話が鳴っている」と言ったのを受けて，B が「僕が出るよ」と言っている場面。ここでは，先ほどとは逆に，will は使えても，be going to は使えない。be going to が使えないのはわかるだろう。「電話に出る」という意志は前もって固めていたわけではないからだ。一方，この場面で will が使えるということは，will はその場で意志を固めた場合に用いられることがわかる。まとめると，次のようになる。

(9)　〈意志〉を表す will と be going to の違い
　　　will：　〈行為実現に対するその場での決意表明〉
　　　be going to：　〈行為実現へのすでに固めた決意の存在〉

この違いがよくわかる例として次を見てみよう。[9]

(10)　a.　A:　Anna is ln hospital.
　　　　　B:　Really?　I didn't know.　I'll go and visit her.
　　　b.　A:　Anna is in hospital.
　　　　　B:　Yes, I know.　I'm going to visit her this evening.

---

[8]　(8) は Swan (2016: §7.79.1) より。
[9]　(10) は Murphy (2019: 46) より。

(10a) では，B はアンが入院中であることを初めて知らされ，その場でお見舞いに行くことを決めている。それに対して，(10b) では，B はアンの入院をすでに知っており，A にそのことを聞かされる前からお見舞いに行くことに決めていたことがわかる。

次に〈推測〉の用法について考えてみよう。次の例から will と be going to の使い分けについてどのようなことが言えるだろうか？[10]

(11) Look at those black clouds. {It's going to / *It will} rain.

(12) Oh, no! I've stepped on a beetle. I'm afraid {it'll / ?it's going to} rain tomorrow.

(11) は，雨雲がすでに出ている中で「今にも雨が降りそうだ」と言う場合で，be going to は使えるが，will は使えない。一方，(12) は甲虫を踏むと雨が降るという迷信に基づき，未来のことを予測している場面で，be going to よりも will の方が自然である。このことから，will が主観的な推測を表すのに対して，be going to は出来事が起こる兆候に基づく推測を表すと言えそうである。先に見た例からもこのことは裏付けられる。たとえば，will が使われている (2d, e) では perhaps や think といった主観性を表す語が用いられているのに対して，be going to が使われている (5a, b) では，雨が降り出しそうな兆候，泣き出しそうな兆候が現実に見えていることが動詞 look によって示されている。[11]

まとめると，次のようになる。

---

[10] (11) は Murphy (2019: 46) より。

[11] この意味の違いがよくわかる例として次のペアを見てみよう。

(i) a. She will have twins.

b. She's going to have twins.   (Leech (2004: 59))

(a) は占い師がするような主観的な推測なのに対して，(b) は兆候――たとえば，産婦人科で受けたエコー検査の結果――に基づく推測を表す。(5d), (5e) も参照。

(13)　〈推測〉を表す will と be going to の違い[12]

　　　will：　〈主観〉に基づく推測

　　　be going to：　〈事態生起への兆候の存在〉に基づく推測

ところで，ギリシャの哲学者アリストテレスの著作に次のような箇所がある。

(14)　「例えば，雨や風の兆候がこれである。それは将に来らんとする変動にもとづいて生じた兆候なのであるが，たまたましかしこれより有力な他の変動が起るとすれば，さきの変動は生じないことになるからである。またそれを成就するためには人間の努力を必要とするような事柄については，他にいっそう有力な動因がはたらいていたために，立派な計画が破れてしまう場合も少なくない。概して言えば，ものは将に生じようとしていたからといって，必ずしもそのすべてが生ずるのではなく，『やがて来るところのもの』と『将に来らんとしているもの』とは同じではないからである。しかしとにかく成就はしなかったにしても，何かそれの端緒となるべきものが存在したことは認めなければならない。それは何ものかの兆候たるべき性質を持っている。」（「夢占いについて」第2章，『自然学小論集』，田中（2014: 52–53）から引用，下線筆者）

　下線部においてアリストテレスは，「未来」（＝未だ来ない時）と「将来」（＝将に来たらんとする時）を区別していると解釈される。この区別を敷衍して，ギリシャ哲学研究者の田中美知太郎は「将来

---

[12] If で始まる条件節に続く主節ではふつう will が使われる。

　(i)　If you pay by cash you {will normally / ?*are normally going to} obtain a receipt as proof of payment.　　　　(Leech（2004: 60））

これは if で示される条件は現実にはまだ存在しないものであるため，その条件が成り立つという仮定の下で主観に基づき推測するからであると考えられる。

88

は単なる主観的空想ではない。それは現在すでに事実となって始まっているものなのである」とし，「将来は現在のうちに既に始められているけれども，未来はその実現を保証しないのである。未来と現在との間には断絶がある」（田中 (2014: 53, 54)）とまとめている。

さて，(14) で「兆候」「端緒」といったことばが使われていることからもわかるように，be going to の〈推測〉の用法は，アリストテレスの言う「将来」に相当すると言える。また，〈意志〉の用法の be going to が〈行為実現へのすでに固めた決意の存在〉を表すことを上で見たが，これも「現在のうちに既に始められている」という点で「将来」を表すと言えるだろう。[13] 一方，will は〈推測〉，〈意志〉の用法ともアリストテレスの言う「未来」に相当しそうである。[14]

こうした「現在のうちに既に始められている」ことを表す be going to の意味は，その原義を反映していると考えられる。be going to は，その形式からもわかるように，もともと次のような go の進行形から発達したものである（ともに『マザー・グース』より）。

[13] 「将来」の「来」と be going to の "go" では，向きが逆ではないかと思った人もいるはずである。ここでは詳しく立ち入らないが，自分が未来の出来事へ向かって歩んで行けば，未来の出来事が自分へ向かってやって来るように見えると考えればよい。木に向かって進めば，木がこっちへ向かってやって来るように見えるのと同じである。

[14] (14) の下線部は，英訳では "nor is that which will in fact happen identical with that which is going to happen" (Jonathan Barnes ed., *The Complete Works of Aristotle*, Vol. 1, Princeton University Press, p. 738) となっており，それぞれ will と be going to が使われている。

(15) a. As I <u>was going to</u> St Ives, I met a man with seven wives.

　　 b. As I <u>was going to</u> sell my eggs, I met a man with bandy legs.

　こうした go の進行形は，すでに出発地を発って，目的地へ向かっている途中だということを表す。これと同様に，be going to の〈意志〉用法は，行為実行の意志をすでに固めて，それを実現する方向へ向かっている途中であること，〈推測〉用法は，すでに兆候が現れていて，事態が生起する方向へ向かっている途中であることを表すわけである。いずれの用法においても，未来の出来事が実現する萌芽・兆候が現実世界において現在見られるということを表しており，be going to は，その形が表すとおり，あくまで現在について語っていることになる。この点において，過去の出来事の痕跡が現在に見られるということを表す現在完了形（第5章参照）と対称的な類似性を示すと言える（cf. Palmer (1987: 146)）。すなわち，be going to と現在完了形はそれぞれ現在に見られる兆候と痕跡について語ることによって，未来に起きること，過去に起きたことについて間接的に語っているのである。

現在完了形　　　　　　be going to

過去の出来事　　　　　痕跡 兆候　　　　　未来の出来事

4. 現在進行形

現在進行形を用いて未来の出来事を表すことがある。[15]

(16) a. —What are you doing tonight?

　　　　—I'm going to the cinema.

　　b. He is leaving the band to concentrate on his writing.

　　c. What are we having for dessert?

　　d. I'm starting my new job tomorrow and I'm so nervous.

　　e. "No. Mr. Rhyme's having his operation today. On his spine. We're his cheerleaders."

　　　 "Well, I wish him all the best," Lydia said to Sachs.

上の例文からわかるように，これらは〈計画や取り決めに基づく未来〉を表す。そのため，計画や取り決めに馴染まない自然現象については現在進行形を使って未来を表すことができない。[16]

(17) a. *The sun is rising at 5 o'clock tomorrow.

　　b. *It is raining tomorrow.

計画や取り決めに基づくということは，事前に決定がなされているということであり，先にみた be going to の意味と似ていると言える。次のペアを比較してみよう。[17]

---

[15] (16a) は英英活用，(16b) は OALD，(16c) は LDOCE，(16e) は Jeffrey Deaver, *The Empty Chair*, Ch. 45 より。

[16] (17a) は Leech (2004: 63)，(17b) は Keene and Matsunami (1969: 53) より。ただし，日の出のような事象は計算により導き出すことができるので，スケジュールのように決定されていると捉える話者にとっては (17a) の類は容認可能となる (cf. Prince (1982))。

[17] (18) は Thomson and Martinet (1986: 184) より。

(18) a.　I'm meeting Tom at the station at six.

　　　b.　I'm going to meet Tom at the station at six.

現在進行形を用いた（18a）は，駅で会う取り決めがトムとの間でできている際に用いられる。それに対して，be going to を使った（18b）は，話し手がトムと駅で会う意志をすでに固めているということを表すにすぎず，トムはそのことを全く知らされていない可能性がある。

　ところで，なぜ動作の進行を典型的に表す現在進行形を用いて未来を表すことができるのだろうか？　混雑したエレベーターから降りたいときに，後方から "Excuse me, I'm getting out." と声をかけてから降りることがある。エレベーターから実際に外へ出る前にこの表現を使うので，これも現在進行形で未来（ただし，ほんの数秒後の未来）を表す表現と言えなくもない。同時に，この表現を使うときにはすでに話し手は降りる態勢を整えているはずである。降りる動作を始めていると言ってもよい。[18] エレベーターから降りる場合は，降りる準備態勢をとるところから実際に降りるまでの時間的間隔は非常に短いが，もう少し長い間隔を表すのが（16）の例文であると考えられる。「（宣伝用の）ポスターが貼られたときからお芝居は始まっている」と演劇関係者が言うのを聞いたことがある。現在進行形を用いて未来を表すのは，これと同じ考え方だと思われ

---

　[18] 同様に，企業が求人募集をする際に Kaitakusha is hiring! のような表現を（採用予定者が1人の場合も）使うことがある。hire が雇用契約を結ぶことを指すとすれば，求人募集の段階ではこの表現は未来を表すと言えそうではある。しかし，採用は求人を始めたところから始まっていると考えれば，こうした表現は進行中の事態を表す面もあると言えるかもしれない。次の例文の already にも注目されたい。

　(i)　—Hi, George!　Can you come round for brunch tomorrow?　I'm cooking Japanese food.

　　　—Oh, I'd love to, but I'm afraid I'm aleady going out.　Oh, what a shame!　（W 和英）

る。もっと身近な例で言えば，小学校の遠足のとき，遠足を終えて学校に戻ってきた際，校長先生が「家に帰るまでが遠足です」と言うのを聞いたことがある人もいるだろう。現在進行形を用いて未来を表すのは，「遠足のしおりをもらったときから遠足は始まっている」というようなものである。

5. 現在形

次に現在形で未来の出来事を表す使い方について見ておこう。第4章でも見たように，現在形は，時刻表やスケジュールに基づく未来の予定を表すのに用いることができる。[19]

(19) a. The sun rises tomorrow at 5:30.
  b. School starts in September, and until then I'll be staying with friends.
  c. The flight leaves in twenty minutes—we'll never make it.

次のペアを比較してみよう。[20]

(20) a. We start for Istanbul tonight.
  b. We are starting for Istanbul tonight.

現在進行形を用いた (20b) は，先に見たように，計画や取り決めに基づく未来を表すので，計画を変更することは不可能ではないのに対して，現在形を用いた (20a) は，個人の意志を越えたスケジュールで決定されているので，変更は不可能というニュアンスがある。

---

[19] (19b) は Activator，(19c) は OALD より。
[20] (20) は Leech (2004: 65) より。

6.　will＋進行形

　最後に，will＋進行形は，主語の意志とは無関係に〈時間が経つ
と自然とそうなる〉という未来を表す。この形は，次のように，別
れのあいさつや，閉店時間，飛行機や列車が目的地に到着する前の
アナウンスによくでてくる。[21]

- (21) a.　I'll be seeing you.
  - b.　Attention shoppers, the store will be closing in five minutes.
  - c.　We will be landing in Aspen in just a few minutes. Please see that your seat belt is fastened and return your seat back to the upright position.

(21a) では，聞き手との再会の意志を話し手は前面に出さず，「ま
た会うことになるだろう」と表現することによって，おしつけがま
しくない別れのあいさつになっている。(21c) では，「このまま順
調に降下を続けていけば，数分後に着陸することになる」という意
味で will＋進行形が用いられているわけである。
　次のペアを比較してみよう。[22]

- (22) a.　When will you come to see us again?
  - b.　When will you be coming to see us again?

相手が次にいつ来るかを知りたいとき，(22a) が「今度いつ訪ねて
くれるのか教えて」のように相手にその場での決断を迫るのに対し
て，(22b) は，主語の意志とは関係のない未来を表すので，「今度
いつ訪ねてくれることになるでしょうか？」のように柔らかい聞き

---

[21] (21b) は W 英和，(21c) は Sidney Sheldon, *The Sky is Falling*, Ch. XII より。
[22] (22) は Leech and Svartvik (2002: 80) より。

方になるわけである。[23]

7. まとめ

本章では，五つの未来を表す表現形式——① will，② be going to，③ 現在進行形，④ 現在形，⑤ will＋進行形——を考察し，それぞれ異なる意味を表すことを見た。第1章で「形が異なれば，意味も異なる」という原則が文法について成り立つことをみたが，本章で考察した未来を表す諸表現はそのことを明瞭に示している。

〈基本文献〉

大江三郎（1982）『講座・学校文法の基礎 第4巻 動詞（I）』研究社

柏野健次（1999）『テンスとアスペクトの語法』開拓社

吉良文孝（2018）『ことばを彩る1：テンス・アスペクト』研究社

Geoffrey Leech（2004）*Meaning and the English Verb.* Third Edition. Longman／ひつじ書房

---

[23] 押しつけがましくなく，相手の予定を尋ねることができるということは，次の実例からもうかがえる。

  (i) "Where's your home?" David asked Tim O'Neil.
     "San Francisco."
     "Will you be going back soon?" He made it sound as casual as he could.   (Sidney Sheldon, *Master of the Game*, Ch. 15)

最後の文の「できるだけさりげなく聞こえるようにした」というのは，口調の問題もあるだろうが，will＋進行形という形式を用いていることも関係しているはずである。

第7章　**法助動詞**

　疑問文をつくる際に主語の前に出てきたり，否定 not が直後に
くる要素を「助動詞」という。たとえば，Do you play tennis?,
I don't play tennis や Are you tired?, I'm not tired が示すように，
do や be 動詞などがその例である。こうした助動詞のうち，may,
must, can, will, shall のように行為の実現の望ましさ，事態の成
立の可能性についての話し手の判断を表すもののことを「法助動詞」
という。本章では，may, must, can を中心に法助動詞が表す意味
について考える。

1.　法助動詞の意味

　私たちは，〈いま，ここ〉の世界に生きている。この〈いま，こ
こ〉において話し手が把握している事柄のことを「現実」と呼ぼう。
たとえば，「いま雨が降っている」のような現在の出来事は，現実
に属する。一方，〈いま，ここ〉に至るまでに生じた過去の出来事の
集積（たとえば，「私は昨日うなぎを食べた」，「去年は大きな地震
が多かった」など）も，〈いま，ここ〉で直接的に把握することはで
きないが，思い起すことによって間接的に把握できるので，現実に
含めることにする。これに対して，〈いま，ここ〉で把握できない

出来事は，想像したり，推測するしかないため「非現実」を表す。たとえば，「明日，雪が降るかもしれない」「100年後地球の人口は〇〇億人となるだろう」が表すような未来の出来事（明日の降雪，未来の地球人口）がそうである。さらに，「隣国では原因不明の病気がはやっているらしい」のような現在の出来事も，〈いま，ここ〉で把握できないという点において「非現実」を表すと言える。隣国の様子は現地に行って確かめようと思えばできるわけで，これを「非現実」と呼ぶのには抵抗があるかもしれないが，ここでいう「現実」とはあくまで「〈いま，ここ〉で話し手が把握している」限りのものとする。

　比喩的に言うと，私たちは可能性という名の岩盤を掘り進んで生きている。これまで掘り進んできてできたトンネル部分が〈現実〉で，そのトンネルの先端が〈いま，ここ〉である。一方，これまで掘られなかった部分，まだ掘られていない部分が〈非現実〉に相当する。図示すると下のようになる (cf. Langacker (1991: 242))。

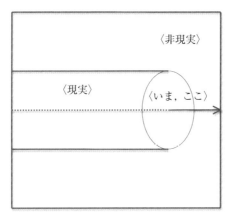

図1　〈現実〉と〈非現実〉のモデル

　この「非現実」という領域の意味を表すのが法助動詞の役割である。人間以外の動物も何らかの手段を用いて仲間とのコミュニケー

ションを行っている。たとえば、「敵が来たぞ！」「集まれ！」「逃
げろ！」などである。しかし、これらはいずれも〈いま、ここ〉に
かかわるものであって、「明日、敵が攻めて来るかもしれない」な
どの「非現実」について語ることができるのは、人間くらいだと考
えられる。もしそうならば、法助動詞は人間らしいコミュニケー
ションを可能にする道具立てだと言えよう。以下では、代表的な法
助動詞の may, must, can の意味用法について概観していく。

2.　基本法助動詞の意味用法

2.1.　may

　may の基本的な用法として、〈許可〉「～してもよい」と〈可能性〉
「～かもしれない」がある。まず、〈許可〉の用例をみておこう。[1]

> (1) a. Thank you. You may go now.
>   b. —May I go?
>   —Certainly not!
>   c. Children may not leave the building without the au-
>   thorization of the principal.

(1a) では、話し手が聞き手に許可を与え、(1b) では、話し手が聞
き手に対して許可を求めている。これに対して、(1c) では、may
に not をつけて、許可を否定することによって禁止を表している。
　次に、〈可能性〉の例を見てみよう。[2]

> (2) a. Don't wait up for me; I may be late.
>   b. Headaches may be a sign of stress.

---

[1] (1) は LDOCE より。

[2] (2a) は LDOCE, (2b) は OALD より。

それぞれ「私が遅刻する」可能性,「頭痛がストレスの兆候である」可能性について述べている。

may の二つの意味,〈許可〉と〈可能性〉は,無関係ではなく,何らかのつながりがあると考えられる。このつながりについては二つの考えがある。一つは,〈許可〉とは,行為の世界において「～してもさしつかえない」ということであり,それを推論の世界に適用すると「～と推論してもさしつかえない」,すなわち,「～かもしれない」という〈可能性〉の意味が得られるというものである (Sweetser (1990: Ch. 3))。両者は,〈さしつかえ (＝障害) の欠如〉という点で共通するわけである。もう一つは,「～してもよい」と許可された場合,実際に「～する」かというと,「するかもしれない」し,「しないかもしれない」。その点で「～してもよい」という〈許可〉と「～かもしれない」という〈可能性〉が結ばれるというものである (Cruse (2011: 309))。[3]

2.2. must

must の基本的な用法として,〈義務〉「～しなければならない」と〈必然性〉「～にちがいない」がある。まず,〈義務〉の用例を見ておこう。[4]

(3) a. —I won't go.

—Nonsense! You must go!

b. You must be home for dinner, mind.

c. I must go—I have a train to catch.

d. I must brush up on my French before I go to Paris.

e. You must not smoke anywhere in the building.

---

[3] この二つの考えのうち,前者は類似性に基づく比喩であるメタファーによって,後者は隣接性に基づく比喩であるメトニミーによって,〈許可〉と〈可能性〉が結ばれると考えることになる。

[4] (3a–c) は OALD,(3d, e) は LDOCE より。

話し手が，(3a, b) では聞き手に対して，(3c, d) では自分自身に対して行為義務を課している。(3e) では煙草を吸わないことを義務づけることによって，喫煙を禁止している。

次に〈必然性〉の例を見ておこう。must は話し手が何らかの証拠に基づいて推論し，到達した結論を表す。[5]

(4) If A is bigger than B, and B is bigger than C, then A <u>must</u> be bigger than C.

A が B より大きく，B が C より大きいことから必然的に A が C より大きいという結論が導かれる。この必然性を must が表しているわけである。

こうした論理的に導ける必然性だけでなく，must はもっと直感的な必然性「〜にちがいない」という意味を表すのにも用いられる。[6]

(5) a. From her son's age, I deduced that her husband <u>must</u> be at least 60.

 b. I've already looked there—it <u>must</u> be somewhere else.

 c. You <u>must</u> be hungry after all that walking.

 d. Hi there, you <u>must</u> be Laura.

(5a) では「女性の息子の年齢」を根拠として，そこから「その女性の夫が少なくとも 60 歳にちがいない」と推論している（推論していることが動詞 deduce によっても表されている）。(5b)，(5c) でも，それぞれ I've already looked there, after all that walking を根拠とした推論を表している。(5d) ではそうした根拠がことばの上では示されていないが，待ち合わせの場所に現れた初対面の相手

---

[5] (4) は Swan (2016: §7.69.1) より。

[6] (5a, d) は LDOCE，(5b, c) は OALD より。

100

について「君がローラだね」と推論している。

　mustの二つの意味〈義務〉と〈必然性〉も，mayの場合と同様に，無関係ではなく，何らかのつながりがあると考えられる。一つの考え方は，〈義務〉とは，行為の世界において「〜しなければならない」ということであり，それを推論の世界に適用すると「〜と推論しなければならない」，すなわち，「〜にちがいない」という〈必然性〉の意味が得られるというものである（Sweetser（1990: Ch. 3））。両者は〈強制する力の存在〉という点で共通しているというわけである。もう一つの考え方は，「〜しなければならない」（例：家にいなければならない）という強い義務を課された場合は，実際に「〜する」可能性が高まる（例：家にいるにちがいない）と推論されるので，これによってmustの二つの意味は結ばれるというものである（Cruse（2011: 309））。[7]

2.3.　can

　canは「〜できる」という〈可能〉を表す。この可能には二つのタイプがある（Hornby（1975: 203））。一つ目は〈能力可能〉と呼ばれるものである。次の例を見てみよう。[8]

(6) a.　Now I can ski a little thanks to your instructions.

　　b.　You can swim, can't you?

　　c.　She so loves that baby, and she wants to tell it so. But there's something else: she wants the baby to tell her back.　Unfortunately, baby can't talk yct.

　　d.　—Why don't you get a car?

　　　　—Well, for one thing, I can't drive!

---

[7] mayの場合と同様，前者がメタファー，後者がメトニミーに基づく説明である。

[8] (6a) は O 和英，(6b) は LDOCE，(6c) は David Crystal (2010), *A Little Book of Language*, Yale University Press, p. 3, (6d) は OALD より。

　これらは主語の行為者に備わった能力（スキーをする，泳ぐ，ことばを話す，車を運転する）に基づく行為実現の可能性を表している。

　主語は，次の例が示すように，人間以外の動物や無生物でもかまわない。[9]

(7) a. Dogs <u>can</u> hear much better than humans.
　　b. <u>Can</u> gases freeze?

　二つ目は〈状況可能〉と呼ばれるものである。次の例を見てみよう。[10]

(8) a. You <u>can</u> ski on the hills. There is enough snow.
　　b. You <u>can't</u> swim here because of the dangerous currents.
　　c. I'm sorry, I <u>can't</u> talk now—I'm in a rush.
　　d. You <u>can't</u> drive—you're over the limit (＝you have drunk more alcohol than is legal when driving).

　ここでは，主語の行為者に備わった能力に基づく行為実現の可能性について語っているというよりは，置かれている状況の中で，その能力を行使し，行為実現が可能かどうかについて述べられている。たとえば，(8a) では積雪が十分な状況の中でスキーができるということ，(8b) では潮流が危険な状況において泳ぐことができないということ，(8c) では急いでいるという状況において話すことができないこと，(8d) では飲酒したという状況において運転することができないことが述べられている（(6a-d) と (8a-d) をそれぞれ比較のこと）。

---

[9]　(7a) は OALD，(7b) は Swan (2016: §7.82.1) より。

[10]　(8a) は Thomson and Martinet (1986: 133)，(8b) は英英活用，(8c) は LDOCE，(8d) は OALD より。

102

ところで，積雪が十分だからといってスキーができない人は滑ることはできないし，スキーができる人であっても積雪が不十分だと滑れない。このように，〈能力可能〉と〈状況可能〉は，能力に基づく行為実現の可能性があってこそ適切な状況の中でその可能性が現実化されるという点で「表裏一体」（本多（2006: 44））であり，実際の例文において両者を峻別することが困難な場合もある（Coates（1983: 14-15, 92-93））。

さて，次のペアを比較してみよう。[11]

(9) a. You <u>can</u> park on either side of the street.

b. You <u>can</u> park your car outside our house.

c. <u>Can</u> I park my car outside your house?

(9a) は (8) と同じタイプで，（駐車禁止でない，などの）状況において道路のどちら側でも駐車することが可能であることを述べている。(9b) もこれと同じようにみえる。しかし，(9b) では（自宅の外に駐車スペースがある）状況の中で駐車可能であることを相手に伝えることによって，「駐車してよい」という話し手の〈許可〉も表している（cf. 安藤（2005: 271））。(9c) は (9b) に対応する疑問文であり，（聞き手の家の外に駐車スペースがある）状況において，話し手にとって利益となる「自分の車を聞き手の家の外に駐車する」という行為が可能かどうかを問うことによって，可能なら駐車させてほしいという〈許可〉を求める表現となっている。

同様に，次のペアを見てみよう。[12]

(10) a. You <u>can't</u> park here—it's private property.

b. You <u>can't</u> park here, you're obstructing my driveway.

(10a) では私有地という状況の中で駐車することが不可能である

---

[11] (9a, b) は OALD より。
[12] (10a) は LDOCE，(10b) は OALD より。

ことを述べているのに対して，(10b) では自宅の車寄せを塞ぐという状況の中で駐車することができないと述べることによって，話し手による〈禁止〉を伝えている。

次も見てみよう。[13]

(11) a. <u>Can</u> I open a window?　It's boiling in here.
     b. <u>Can</u> you open a window?　I'm suffocating.

主語が一人称である (11a) は，(9c) と同様に，うだるように暑いという状況の中で，話し手にとって利益となる「自分が窓を開ける」という行為が可能かどうかを聞くことによって，可能ならやらせてほしいという〈許可〉を求めている。一方，主語が二人称である (11b) では，話し手は暑くて息苦しいという状況の中で，自分にとって利益となる「聞き手が窓を開ける」という行為が可能かどうかを聞くことによって，可能ならやってほしいという〈依頼〉を表すことになる (Hornby (1975: 203)，柏野 (2002: 154)，本多 (2006))。

最後に can は，「〜のはずがない」という否定的必然性を表すのに用いられる。[14]

(12) a. That <u>can't</u> be Mary—she's in New York.
     b. That <u>can't</u> be right.　It just doesn't stack up.
     c. If A is bigger than B, and B is bigger than C, then C <u>can't</u> be bigger than A.

たとえば，(12a) では，「メアリーがいまニューヨークにいて，この町にはいない」という状況においては「さきほど見かけた人がメアリーである可能性がない」，すなわち，「メアリーのはずがない」と推論されることを示している。

---

[13] (11) は LDOCE より。
[14] (12a, b) は OALD，(12c) は Swan (2016: §7.69.2) より。

3. 法助動詞と疑似法助動詞

　法助動詞にはそれと類似した意味を表す表現が対応することがある。前章で見た will に対する be going to がそうである。また，本章で見た must と can についても have to と be able to がそれぞれ対応する。こうした法助動詞と類似した意味を表す表現を「疑似法助動詞」と呼ぶことにしよう。法助動詞と疑似法助動詞にはどのような意味の違いがあるのだろうか？

3.1.　will と be going to

　まず，will と be going to について考えてみよう。前章で見たように，be going to は，〈事態生起への兆候の存在〉に基づく推測と，〈行為実現へのすでに固めた決意の存在〉を表す。つまり，〈現実〉に見られる現在の兆候・決意の存在について語ることによって，未来の事態や行為について間接的に語るわけである。これに対して，〈主観〉に基づく推測と，〈行為実現に対するその場での決意表明〉を表す will においては，事態生起や行為遂行へ向けて物事が現実世界においていま進みつつあるということではなく，すべては話し手の頭の中にある想念の世界に存在するにすぎない。前章でみたアリストテレスの区別に従えば，be going to は「将来」（＝将に来たらんとする時）という実在を表すのに対して，will は「未来」（＝未だ来ない時）という非実在を表す。すなわち，be going to が〈現実〉を表すのに対して，will は〈非現実〉を表す法助動詞としてはたらいているのである。

3.2.　must と have to

　次に，must と have to を比べてみよう。must と同様に，have to も〈義務〉を表すことができる。[15]

---

[15]　(13) はいずれも LDOCE より。

(13) a.　You <u>have to</u> be 21 or over to buy alcohol in Florida.

　　 b.　You <u>have to</u> park on this side of the road.

　　 c.　To run a mile, you <u>have to</u> run four circuits of the track.

では，must が表す〈義務〉と have to が表す〈義務〉の間には意味の違いはないのだろうか？　次のペアを比較してみよう。[16]

(14) a.　I <u>must</u> do some more work; I want to pass my exam.

　　 b.　In my job I <u>have to</u> work from nine to five.

(15) a.　You really <u>must</u> go to church next Sunday—you haven't been for ages.

　　 b.　Catholics <u>have to</u> go to church on Sundays.

勉強したり，働かなくてはならないのは，(14a) では，話し手自身が試験に合格したいからそう思っているのに対して，(14b) では，就業規則などによってそう定められているからと述べられている。同様に，(15a) では話し手が聞き手に対して「しばらく行っていないのだから今度の日曜日くらい教会に行きなさい」と義務を課しているのに対して，(15b) ではカトリック教徒の義務として教会に行くことが慣習になっていると述べられている。

このように，must は〈話し手が主語が指す行為者（自分，他人）に対して義務を課す〉ことを表すのに対して，have to は〈外的な規則・慣習によって主語が指す行為者に対して義務が課されている〉ことを表す。[17]　すなわち，義務の根拠・源泉が，must では話し

---

[16]　(14), (15) は Swan (2016: §7.75.1) より。

[17]　法助動詞 may と疑似法助動詞 be allowed to の間にも平行した意味の違いが見られる。次のペアを見てみよう。

　(i)　Bill <u>may</u> have a cookie.

　(ii)　Bill <u>is allowed to</u> have a cookie.

(i) では話し手が許可を与えているのに対して，(ii) では第三者による許可の存

手にあるのに対して，have to では外的な規則や慣習に求められる点で両者は異なるわけである。[18]

　そのため，一方は用いられるが，他方は用いられないことがあり得る。次の例を見てみよう。[19]

(16)　{??I must / I have to} get this paper in, but I guess I'll go to the movies instead.

(17)　My girl {*must / has to} be home by midnight—I think it's idiotic.

　(16) では，have to は用いられるが，must は不自然である。これは「レポートを提出する」という行為が（たとえば，大学の授業で教員によって課されるなど）外的に課された義務ならば，それに従わずに「映画を見に行こう」と考えることは十分あり得るが，自分で自分に義務を課しておきながら，その義務を果たさずに映画に行くのは行為として矛盾するからである。同様に，(17) でも自分のガールフレンドに門限を課しておきながら，その門限を馬鹿げていると思うのは矛盾するのに対して，ガールフレンドに（たとえば，親から）課された門限を馬鹿げていると思うのは問題ない。そのため，must は用いられず，has to が用いられることになる。

　これに対して，アガサ・クリスティ『そして誰もいなくなった』

在を描写しているにすぎない (R. Lakoff (1972: 926))。

[18] ヴァージニア・ウルフ原作の映画『ダロウェイ夫人』の次の場面では，Lucrezia が夫の Septimus に精神科医 Bradshaw から言われたことを告げている。Septimus は「あいつになぜそんなことを言う権利がある？」と反発しており，must が話し手（この場合，Bradshaw）に義務の源泉があることを表すのがわかる。

　Lucrezia:　Sir William Bradshaw said that you must learn to rest.
　Septimus:　It's "must". "Must". Why "must"? What right has he to say "must" to me?

[19] (16) は Sweetser (1990: 54)，(17) は R. Lakoff (1972: 925) より。

(*And Then There Were None*) からの次の例を見てみよう。

(18)　　I have wanted—let me admit it frankly—to *commit a murder myself.* I recognized this as the desire of the artist to express himself! […]

　　　　I <u>must</u>—I <u>must</u>—I *must*—commit a murder! And what is more, it must be no ordinary murder! It must be a fantastical crime—something stupendous—out of the common!

ここでは，話し手が自分で殺人を望み，自分で自分に義務を課している場面なので，must がふさわしく，3 文目を I have to—I have to—I have to—commit a murder! とすると不自然になる。

　義務の源泉が話し手にあることが最も端的に現れるのが，次のような must の使い方である。[20]

(19)　　—You <u>must</u> stay for lunch.
　　　　—Well, thanks, but I don't want to impose …

これは話し手が聞き手に「ぜひ昼食を食べていってください」と強く勧める言い方であり，話し手の気持ちを表したものである。

　話し手が課す義務は，未来において実現すべきものとして話し手の想念の中にあるという点で，法助動詞 must は〈非現実〉を表すと言える。これに対して，疑似法助動詞 have to が表す義務は，規則や慣習として〈いま，ここ〉に存在するという点で〈現実〉を表すと言える。[21]

---

[20] (19) は OALD より。

[21] must と have to が「～にちがいない」を表す場合，have to のほうが強い必然性を表すとされる (Leech (2004: 83))。そのため，客観的な根拠に基づくのではなく，話し手の主観に基づく必然性を表すのに have to を用いると不自然となる。

3.3. can と be able to

次に can と be able to について考えよう。まず，be able to の
用法について確認する。be able to は，状態動詞 be に形容詞 able
「有能な」がついていることからわかるように，「～する能力が備
わっている」という状態の意味で用いられ，〈能力の存在〉を表す。
次の例では，(20a, b) では人間が主語になっているが，(20c) で
は動物，(20d) では無生物が主語になっている。[22]

(20) a. Humans are uniquely able to use true language.

b. James is able to retain an enormous amount of factual
information in his head.

c. Are animals able to think?

d. The structure is able to withstand hurricane-force
winds.

では，can と be able to はどのような点で異なるのだろうか？
can が〈能力可能〉を表す際，その行為実現の可能性は行為者に備
わった能力に基づくものであり，必ずしも現実化されるとは限らな
い。[23]

(i) 子： Why is there salt in the ocean, but not in lakes?

親： Well, there {must/?has to} have been more salt rocks where
the oceans formed than where the continents did.

(Larkin (1976: 395))

「～にちがいない」という推論の根拠が話し手の主観にすぎないという点で，こ
こでも must は〈非現実〉的であると言えよう。

[22] (20a, b, d) は OCD，(20c) は OALD より。(20a) の類似した実例を挙げ
ておく。

(i) According to the language-as-instinct thesis, human children are able
to acquire any language because at a deep level, all languages are es-
sentially the same.

(Vyvyan Evans, *The Language Myth*, CUP, 2014, pp. 67–68)

[23] (21a) は Allan (2001: 360)，(21b) は LDOCE より。

(21) a.　Suzie can speak Swahili but she doesn't.

　　 b.　I can speak German but we speak English most of the
　　　　 time.

(21a) ではスージーにスワヒリ語を話す能力が備わっているが，
彼女がスワヒリ語を話すことが実現することはないとしている。
(21b) も同様である。

　能力に基づく行為実現の可能性が現実化することを示すのに can
and do という言い方が用いられることがある。[24]

(22) a.　The church may disapprove but Catholics can and do
　　　　 obtain civil divorces.

　　 b.　The cats can and do eat red squirrels, ground squir-
　　　　 rels, and grouse [...].

　これに対して，be able to は，行為者がある行為を行う能力を備
えているという単なる状態だけでなく，実際にその能力を行使し，
行為を行うところまで示唆するとされる (Palmer (1987: 122; 1990:
90)，Declerck (1991: 396))。[25] 次の例を見てみよう。[26]

---

[24]　(22a) は OCD，(22b) は ODE より。

[25]　Panther and Thornburg (1999: 347–348) は，これを POTENTIALITY FOR
ACTUALITY（可能性で現実を表す）の下位分類である ABILITY TO ACT FOR AC-
TION（能力で行動を表す）というメトニミーによって説明している。ただし，次
の例が示すように，be able to が能力の行使を表すというのは文脈的に示唆され
るだけであって，必ずそれを含意するわけではない（柏野 (2002: 158) も参照）。

　(i)　He was able to solve the problem, but he didn't solve it.

　　　　　　　　　　　　　　　　　　　　　　　　(Horn (1991: 317))

実際，セイン・小池 (2011: 128) は，「be able to は「～できるのに … だ」「～
できるけどしない」といったネガティブな状況で多く使われる表現。つまり，be
able to の後には but が続くことが多いのです」とし，John is able to help, but
he refuses. という例文を挙げている。

[26]　(23) は Activator より。

(23) "Web police" <u>are often able to</u> determine the exact source of unwanted mailings on the Internet.

ここで，often が用いられていることに注目したい。能力が備わっていることがしばしばあるというのはおかしいので，上の文は能力を行使することがしばしばあるという意味に解するべきであろう。[27]

同様に，次の例もコンテクストから能力の行使を意味するので，be able to が使えて，can が使えないとされる。[28]

(24) The prosecutor is not concerned with him as an individual and is himself quite convinced of his guilt. But in the end a friend {is able to/*can} prove the man's innocence to the satisfaction of the court officials.

これは，映画のあらすじを述べた文章である。映画の中で友人が男の無罪を証明することが可能であるだけでなく，実際に証明するわけである。

能力を行使するのはつねに特定の場面においてである。上の例文はそれを示しているのであって，be able to が (8) の can のように〈状況可能〉を表すというわけではない。[29] 次の例も同様である。[30]

(25) a. Mothers who work part-time <u>are able to</u> mind other people's children when they are not working.

---

[27] Children can often do these puzzles more easily than adults. (LDOCE) のような例では，often は can ではなく，do these puzzles ... を修飾し，「しばしば ... することができる（ある）」を意味している。

[28] (24) は Coates (1983: 127) より。

[29] ただし，Declerck (1991: 396) は，be able to に capability（能力可能）と opportunity（状況可能）の 2 用法があるとの立場をとっている。

[30] (25a) は Activator，(25b) は OCD より。

b.　She is now able to get around with the aid of a walk-
ing stick.

(25a) では when という状況，(25b) では with という条件の下で，
能力が習慣的に行使されることを示している。

ここで，be able to と can の関係を示す興味深い実例を見てみよ
う。[31]

(26)　　"It must be very satisfying being a psychiatrist," Alex-
andra went on. "You're able to help so many people."

　　　"Sometimes we can," Peter said carefully. "Sometimes
we can't."

ここでは，アレクサンドラが「精神科医には多くの人々を助ける能
力がある」と言ったのに対して，精神科医のピーターは，「助ける
ことができることもあれば，そうでないこともある」と答えている。
アレクサンドラの be able to を使った文は，精神科医に備わった
能力の存在を描写している。その能力を行使する条件が整う状況も
あれば，そうでない状況もあることを〈状況可能〉を表す can を用
いてピーターは描写しているわけである。

これを参考に be able to の意味をまとめると次のようになる。

(27)

be able to の場合，二股の経路のうち，上の経路を通って，能力
行使までいくことがしばしば示唆される点で can とは異なること
になる。言い換えると，can が可能性の世界という〈非現実〉を表

---

[31] (26) は Sidney Sheldon, *Master of the Game*, Ch. 32 より。

112

すのに対して，be able to は能力が行為者において存在し，かつそれが行使される傾向があるという〈現実〉を表すと考えられる。その限りにおいて，法助動詞と疑似法助動詞の一般的意味の差を反映していると言えよう。

can が表す可能性が現実化するかどうかは，過去形を用いるとはっきりする。まず，can の過去形 could は，過去において潜在的に備わっていた能力について語るときに用いられる。[32] 次の例では能力に基づく行為実現の可能性があった時期が when I was six/young によって指定されている。

(28) a. I sang solos when I was six because I could carry a tune.

b. When I was young, I could eat all I wanted without gaining weight.

これに対して，ある行為が実現された場合，could はふつう用いられず，was (were) able to が用いられる。[33] 先に見たように，be able to は能力を行使し，行為を遂行することを示唆するからである。[34]

---

[32] (28a) は LDOCE，(28b) は Activator より。

[33] ただし，could が過去の 1 回限りの行為を指すこともある。次の例は，チャーリー・ブラウンがお皿をくわえたスヌーピーに対してディケンズの『オリバー・ツイスト』の一節を読み聞かせている場面である。

(i) Charlie: "Please, sir," replied Oliver, "I want some more."

Snoopy: He could say that. He didn't have a dish in his mouth.

(Charles Shulz, *Peanuts*, 3/2/95)

ここではオリバーが特定の場面で "Please, sir, I want some more." と言うことができたという意味で用いられている。どのような条件の下で could が過去の 1 回限りの行為を表すことができるかについては，柏野（2002: 第 4 章），久野・高見（2013b: 148-154）を参照。

[34] (29) はいずれも Palmer (1987: 118) より。Hewings (2013: 30) は，目の前で起きていることを描写するのに，can は用いられるが，be able to は用いら

(29) a. *I ran fast, and <u>could</u> catch the bus.

    b. I ran fast and <u>was able to</u> catch the bus.

　ただし，could の否定形は，ある行為が現実に行われなかったことを表すことができる。

(29) c. I ran fast, but <u>couldn't</u> catch the bus.

　行為者に備わった能力に基づく行為実現の可能性があるからといって，特定の時点でそれが現実化され，能力が行使されたかどうかはわからないのに対して，そもそも可能性がなければ特定の時点においてもその可能性が現実化されることはないと推論できるからであろう。

　以上，will と be going to, must と have to, can と be able to という法助動詞と疑似法助動詞のペアにおいて，いずれも法助動詞は〈非現実〉を，疑似法助動詞は〈現実〉を表すという点で共通する。[35]

れないと指摘する。

　　(i)　Watch me, Mum; {I can /*I'm able to} stand on one leg.

これは，be able to が能力の行使を示唆するとの考えに反するように一見思われる。しかし，be able to が能力の行使を示唆する場合は，その人にもともと備わっていた能力の発現を表すのであって，(i) のようにそのとき初めて能力を獲得したことを表す場面にはそぐわないのだろう。

[35]　何を〈非現実〉とみなすかは言語によって異なり得る。たとえば，英語は習慣を現在成り立っている状態とみなし，I play golf twice a week. のように法助動詞を使わず，動詞の現在形で表すが（第4章参照），習慣は目の前でいま行われている行為を表さないので，〈非現実〉とみなす言語もある（cf. Comrie (1985: 39-40)）。なお，英語でも，She'll listen to music, alone in her room, for hours. (OALD) のように法助動詞 will を使って習慣を表すことがあることを思い起こされたい。

114

4. まとめ

本章では英語法助動詞として may, must, can を取り上げ, これらの基本的な意味を概観した。こうした法助動詞はいずれも〈非現実〉という意味を表し, その点で have to や be able to などの疑似法助動詞とは同義ではないことを見た。

〈基本文献〉

大江三郎 (1983)『講座・学校文法の基礎 第5巻 動詞 (II)』研究社

澤田治美 (2006)『モダリティ』開拓社

Geoffrey Leech (2004) *Meaning and the English Verb*. Third Edition. Longman／ひつじ書房

F. R. Palmer (1990) *Modality and the English Modals*. Second Edition. Longman.

第8章 仮定法

　「もしもピアノが弾けたなら」，「あの日，あの時，あの場所で君に会えなかったら」，「あ～あ～幕末に生まれてりゃなぁ～」――このように，ある点においてだけ現実とは異なる世界（たとえば，現実の世界ではピアノを弾けない私がピアノを弾ける世界），すなわち，〈非現実〉の世界を思い描き，どうなっただろうかと思いをめぐらせるというのも，人間ならではの能力だろう。このような If p, q（p ならば q である）という形をした文を「条件文」という。次の例をみてみよう。[1]

(1) a. If John comes, Mary will leave.
b. If John came, Mary would leave.
c. If John had come, Mary would have left.

　これらの条件文はいずれも，「ジョンが来る」という条件の下で「メアリーが去る」という事態が帰結することを表している。このうち，(1a) では，話し手は「ジョンが来る」という条件が成り立つかどうかについて中立的な立場――来るかもしれないし，来ないかもしれない――をとっており，動詞は現在形（comes）で表され

---

[1] (1) は Palmer (1987: 150) より。

る。他方，(1b)，(1c) では「ジョンが来る（来た）」可能性について否定的な立場——来ることはなさそう，来なかった——をとることを表し，動詞は仮定法の形をとる。仮定法のうち，(1b) の came は「仮定法過去」，(1c) の had come は「仮定法過去完了」と呼ばれる。それぞれ動詞の「過去形」，「過去完了形」と同じ形式で表されるからである。[2] 本章では，これらの仮定法の表す意味について考えよう。

1.　仮定法とは何か？

日本語でも「もしもピアノが弾けたなら」のように「タ」が使われるのであまり不思議に思わないかもしれないが，仮定法ではなぜ動詞の過去形，過去完了形が用いられるのだろうか？　これについて，デンマークの英語学者 O. イェスペルセンが次のように端的にまとめている（引用中の「非時間的用法」は仮定法のことを指すと考えられたい）。

> 　　過去時制のもっとも重要な非時間的用法は，非現実または不可能性を表すことである。これは，祈願文や条件文に見いだされる。過去時制のこの用法とその正常の時間的用法とのあいだに論理的な関係を見いだそうとするなら，<u>両者を結ぶ絆は，どの場合も，現在時に関して何ごとかが否定されていることだ</u>，と言ってよい。
> 　　　　　（イェスペルセン『文法の原理』（下）岩波文庫，p. 43，下線筆者）

---

[2]　さらにもう一つ「仮定法現在」と呼ばれるものがある。これは主に，advise, demand, insist, propose, require, suggest など指令的意味を表す動詞がとる that 節の中で使われる動詞の原形を指す。下の例の下線部が仮定法現在の形である。

・If you want to create the right impression, I suggest you <u>wear</u> a suit.

(OCD)

・They advise that a passport <u>be</u> carried with you at all times.　　(OALD)

　下線の「現在時」を〈いま，ここ〉，「否定されている」を「隔たっている」と読み替えると，時間的用法を表す過去形は「〈いま，ここ〉からの時間的隔たり」を表すとまとめられる。[3]

図1　過去形の -ed が表す時間的「隔たり」

　これに対して，仮定法で用いられる過去形は「〈いま，ここ〉からの現実性の隔たり」を表す。時間的用法を表す過去形とは，〈いま，ここ〉ではないという点で共通するというわけである。

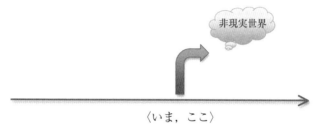

図2　仮定法過去の -ed が表す現実性の「隔たり」

　この仮定法が条件文で用いられると，次のような意味を表すことになる。

　(2)　仮定条件（If + 仮定法）の意味：「〈いま，ここ〉の現実から隔たった場所に非現実（仮想ないし反事実）の世界を思い描きなさい。」

---

　[3] 図1-図3 の右向きの矢印は，第7章の図1の右向きの円筒に相当するものと考えられたい。

118

　仮定法過去と仮定法過去完了の違いは，〈いま，ここ〉の現実か
らの隔たり方にある。仮定法過去 (cf. (1b)) は，〈いま，ここ〉の現
実の世界から近い場所に非現実の世界を築く。この隔たりが「過去
形」で表現される（図2参照）。これに対して，仮定法過去完了 (cf.
(1c)) は，〈いま，ここ〉の現実から2段階隔たった場所に非現実の
世界を築く。まず〈いま，ここ〉の現実から時間を溯って過去へ行
き，さらにそこから過去の非現実の世界へと行く。〈いま，ここ〉
の現実の世界からこのように2段階隔たっていることを「過去の過
去」を表す過去完了形（第5章3節参照）で表しているわけである。

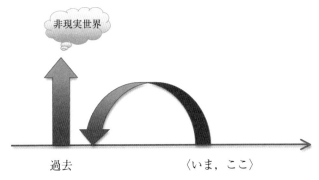

図3　仮定法過去完了が表す2段階の「隔たり」

　このように仮定法を用いて非現実世界が構築される。この非現実
世界について語るのに用いられるのが前章でとりあげた法助動詞で
ある。(1b) If John came, Mary would leave を例にとると，〈いま，ここ〉から離れた非現実の「ジョンが来る」という世界を設定
し，その世界から見て Mary will leave が成り立つと推論している。
現実から隔たった非現実の世界から見ての推論ということで will
が would になり，Mary would leave となっているわけである。
　以下では，仮定法過去，仮定法過去完了の使い方をそれぞれ見て
いこう。

2.　仮定法過去

仮定法過去の条件文は，（1b）のように，

(3)　If＋主語＋動詞の過去形，主語＋would [should, could, might]＋動詞の原形

という形をとる。仮定法過去は，現在の事実に反すること，あるいは現在ないし未来においてあまりありそうにないことを仮定するのに用いられる。例を見てみよう。[4]

(4)　If I <u>were</u> you, pal, I'd stay away from her!

(5)　a.　If I <u>knew</u> her name, I would tell you.

　　　b.　She would be perfectly happy if she <u>had</u> a car.

　　　c.　What would you do if you <u>lost</u> your job?

　聞き手にアドバイスを与える際の慣習的な表現である（4）の「私があなただったなら」は明白に事実に反する仮定だが，ある事柄が事実に反するかどうかはそれほど明確に判断できないのがふつうである。一般に，現在の状態，特にそれが自分に関することであるならば，それが事実か否かは判断しやすい。（5a）の if 節は，主語が一人称で，状態動詞 know が使われているため，「彼女の名前をもし知っていたなら，教えてあげるのだけど（知らないから教えられない）」というように，現在の事実に反する（と話し手がみなす）仮定を表す。[5]（5b）も if 節において状態動詞 have が使われているので，現在の状態を表すが，主語が自分以外の人なので，現在の事実

---

　[4]　(4) は OALD，(5) は Swan (2016: §22.239.2) より。

　[5]　"If I had a dog, <u>which I don't</u>, he'd rush out to meet me when I got home." (Charles Shulz, *Peanuts*, 8/1/96) の下線部にあるように，現在の事実に反する仮定であることを明示的に示す場合がある。このことから逆に仮定法だけでは現在の事実に反するということを必ずしも意味しないと言えるかもしれない。

に反しているかどうかは (5a) に比べては判定しにくい。そのため「彼女は車を持ってはいない（はずだ）けれど，もし持っていたならば」のように，現在の事実に反する，あるいはあまりあり得ないという仮定を表すことになる。一方，(5c) の if 節では，動態動詞 lose が使われているので，これは現在の状態ではなく，未来の出来事を表す。[6] 未来の出来事はそもそも真偽を問う対象とはなり得ないため，現在の事実に反するかどうかという問題は生じず，「あまりあり得ないと思うが，もし失業したならば」という仮定を表す。

　事実に反しているかどうか，可能性が低いかどうかはあくまで話し手の判断，捉え方の問題であり，客観的な事実に反しているかどうかは問題ではない。下の例は，砂漠の中でアンディとオラフがスパイク（いずれもスヌーピーの兄弟）を探し歩いている場面である。[7]

(6) Andy: I've been thinking about something. If I saw that coyote wearing Mickey Mouse shoes, couldn't that mean we're getting close to where Spike lives?

Olaf: I doubt it. If we were close, we'd know it because we're well bred hunting dogs.

オラフが「僕たちがスパイクの近くにいたら，わかるはず。僕たち

---

[6] 状態動詞は現在成立している事態を現在形で描写できるのに対して，動態動詞はそれができないという区別がこのことと相関する。仮定法における状態動詞と動態動詞の違いは，日本語の例を考えるとわかりやすいかもしれない。

(i) 100万円あったら，どうしますか？
(ii) 100万円拾ったら，どうしますか？

状態動詞「ある」を使った (i) は，現在の状態について述べているのに対して，動態動詞「拾う」を使った (ii) は，今後拾うことを仮定しているのであり，未来のことを述べているわけである。

[7] Charles Schulz, *Peanuts*, 11/15/97 より。

は血統のよい猟犬だからね」と仮定法過去を用いて言っている。ス
パイクのにおいがしないので，自分たちは近くにいる可能性は低い
とみているからである。ところが，実際の漫画を見ればわかるのだ
が，アンディとオラフは，岩を背に寝そべっているスパイクの後方
かなり近くを歩いている。つまり，「自分たちがスパイクの近くに
いる」というのは「現在の事実」に反していないところか，むしろ
合致している。仮定法過去の使用は，現在の事実に反するか否かと
いうよりも，話し手が事態の成立の可能性を低いと捉えていること
に基づくことが端的にわかる例である。

　さて，次のペアを比較してみよう。[8]

(7) a.　If I become President, I'll …
    b.　If I became President, I'd …
(8) a.　If you really try, you can do it.
    b.　If you really tried, you could do it.

(7a) では，現在形 become が使われており，自分が大統領になる
という事態が起こるか否かについて中立的な立場を表す。それに対
して，(7b) では，仮定法過去が用いられているので，「自分が大統
領になる可能性はまずないと思うが，もしなったならば」という意
味になる。一般人ならば (7b) のように言ってもよいが，大統領選

---

[8] (7) は Swan (2016: §22.239.5)，(8) はピーターセン (2010: 119-120) より。
(7) と関連して次の実例を見てみよう。

Ellen Scott is the kind of person who could have made a success in any
field.　She would have been a great scientist or doctor.　She would also
have made a great politician, and I must tell you that if Ellen Scott de-
cides to run for president of the United States, I'll be the first one to
vote for her.　　　　　　　(Sidney Sheldon, The Sands of Time, Ch. 13)

どんな分野においても成功を収めたはずの人物なので，エレン・スコット（巨大
複合企業の社長）が大統領選に立候補する可能性もあり得るということで現在形
が使われているわけである。

に出馬している候補者であれば，(7b) のように弱気なことではだめで，(7a) のように言うはずである。同様に，話し手は，(8a) では聞き手がやるかやらないかについて中立的なのに対して，(8b) ではやらないだろうという気持ちが込められる。ピーターセン (2010: 120) は，それぞれ「ちゃんとやれば，できるはずだから」，「ちゃんとやれば，できるはずなのに」と的確に訳し分けている。

さらに次の例を見てみよう。[9]

  (9) a. I think I left my watch at your house.　If you <u>find</u> it, can you call me?

        b. I don't expect to lose my job but if that <u>happened</u>, I'd have to find another one.

(9a) では話し手は時計を聞き手の家に忘れてきたと思っているので，聞き手がそれを見つける可能性は十分あると考え，if 節の中では仮定法ではなく，現在形 find が用いられている。一方，(9b) では前半で失業する見込みはないと述べているので，if 節の中ではその可能性が少ないことを表す仮定法 happened が用いられている。

次に，(3) の条件文の形以外で用いられている仮定法の主な用法について見ておこう。第 1 に，次の例文のように仮定法を用いて丁寧な依頼や許可申請，提案を表すことがある。[10]

  (10) a. <u>Could</u> you pass the salt, please?

        b. <u>Could</u> I see the menu, please?

        c. —<u>Would</u> you like a sandwich?

            —Yes, please.

(10a) の場合だと，「もし可能であれば」のような仮定が言外にあり，可能でない場合も折り込みながら依頼することで，押し付けが

---

[9] (9) は Murphy (2019: 76-77) より。

[10] (10a) は OCD，(10b) は英英活用，(10c) は LDOCE より。

ましくなくなり，断る余地を聞き手に与えている点で丁寧な依頼表現となる。(10b) の場合も同様に丁寧に許可を求める表現となる。(10c) では，「もしお嫌でなければ」のような仮定が言外にあり，相手が嫌に思う場合も折り込みながら，丁寧に物を勧める表現となっている。このように，もともとは仮定法過去のニュアンスが込められていたはずであるが，今では法助動詞の過去形（could, would）を用いることで丁寧さを表すことが慣習化していると言える。

　第 2 に，I wish に続く節の中で仮定法が用いられる。[11]

(11) a.　I wish I <u>were</u> young again, but getting older has its compensations.

b.　'Where on earth have they gone?'
　　'I wish I <u>knew</u>!'

c.　I wish I <u>could</u> offer you some cake but there's none left.

d.　I wish they <u>would</u> come and visit us.

(11a, b) は状態動詞 be, know が使われており，I wish に続く節は反事実の事態を表す。すなわち，(11a) の「若返る」は起こりえないし，(11b) では話し手は答えを知らない。これに対して，(11c, d) では動態動詞 offer, come が用いられている。(11c) ではケーキがもう残っていないので，提供することはできないことが but 以下で示されている。一方，(11d) においては「彼らが訪問してくる」というのは未来の出来事なので，反事実というよりは可能性が低い事態であるとみなされていることが表現されている。

---

[11]　(11a) は OALD，(11b-d) は LDOCE より。I wish 構文の詳細については内木場（2004: 第 9 章）を参照。

3. 仮定法過去完了

仮定法過去完了を使った条件文は，（1c）のように，

(12) If＋主語＋動詞の過去完了形，主語＋would [should, could, might]＋have＋過去分詞

という形をとり，過去の事実に反する事柄を仮定・仮想を表すのに用いられる。[12] 過去の出来事は真偽が確定しており，現在や未来に比べ真偽を確かめやすいと考えられているからである。[13]

(13) a. If you had worked harder, you would have passed your exams.
    b. If I had seen the advertisement in time I would have applied for the job.

(13a) では聞き手があまり勉強しなかったこと，（13b）では話し手が広告を見なかったことが含意される。
次の名句でも仮定法過去完了が用いられている。[14]

(14) If the bridge of Cleopatra's nose had been a little lower, the history of the world might have been different.

言わずと知れたパスカルの有名な「クレオパトラの鼻が少し低かったら世界の歴史は変わっていたろう」の英訳である。
最後に，仮定法過去完了は，仮定法過去と同様に，I wish のあ

---

[12] （13a）は LDOCE，（13b）は OALD より。
[13] 第 7 章の図 1 参照。ただし，過去のことだからといって，常に真偽が確定しているというわけではない。あくまで「過去の事実と信じられていること」に反する仮定をしているにすぎないことは，（14）からもわかる。内木場（2004: 139）も参照。
[14] （14）は新和英大より。

とに用いられることがある。[15]

(15) a. Sometimes I wish I <u>had never been</u> born.
    b. I put off going to the doctor but I wish I <u>hadn't</u>.

I wish のあとには，過去の事実に反する事態（生まれてこなかった，医者に行くのを引き延ばさなかった）が表され，後悔の気持ちが表現される。

4. まとめ

　前章で取り上げた法助動詞と並んで，仮定法は〈いま，ここ〉から離れた世界について語る文法的な手段であり，仮定法過去および仮定法過去完了の二つについて考察した。このうち，仮定法過去について学習参考書などで「現在の事実に反する仮定をする」と説明されることがしばしばあるが，仮定法を使うかどうかは現在の事実に反するか否かの2択によって明瞭に決まるわけではない。そもそも事実に反するか否かは簡単に判定できる問題ではないはずである。あくまで仮定法は話し手が事態成立の可能性が低いと捉えていることを示すものであり，仮定法を用いるか否かは，客観的事実ではなく，話し手の事態の捉え方が重要な役割を果たすことになる。

〈基本文献〉

Geoffrey Leech (2004) *Meaning and the English Verb.* Third
    Edition. Longman／ひつじ書房

中野清治 (2016)『英語仮定法を洗い直す』開拓社

---

[15] (15) はいずれも LDOCE より。

第9章　使役表現

　第7章でみた法助動詞 may，must が含まれる次の会話を見てみ
よう。

(1)　—Your son <u>may</u> have a piece of cake.
　　　—Don't <u>let</u> him have a piece of cake.
(2)　—As you're late, you <u>must</u> drink three glasses straight
　　　　off to catch up.
　　　—Don't <u>make</u> me drink today. I'm driving home after-
　　　　wards.

これらの例は，may と must がそれぞれ let, make と意味的に関連
している可能性を示唆する (cf. Talmy (2000: 442))。もしそうなら
ば，第7章で may は〈障害の欠如〉，must は〈強制する力の存在〉
であることを見たが，let と make もこうした力と力のせめぎ合い
を表すことと関係していそうである。本章では，let や make など
が表す「使役」について考える。

1.　「使役」とは何か？

　幼い子どもは，大人からみると一見どんな意味があるのだろうと思われることを飽かずにいつまでも続けることがある。たとえば，せっせと積み木を組み立てては崩し，また組み立てては崩す。ティッシュを箱から次々と取り出し，ヒラヒラと宙に舞わせる，など。自分の周りの世界（のモノ）に働きかけ，変化を生じさせることを楽しんでいるかのようだ。このようにして子どもは，自分の行為が原因となって，別の出来事が生じることを知り，周囲のさまざまな事象を〈原因 - 結果〉の関係（因果関係）の枠組みを使って捉えることを学んでいき，やがては「コーヒーを飲み過ぎたので，眠れない」，「木の枝がたくさん地面に落ちているのは，昨夜の強風のせいだろう」のように推論できるようになるのだろう。

　さて，次の三つの例を比較してみよう。[1]

(3) a.　I stuck out a thumb and a car stopped immediately.

　　 b.　He stopped the car and got out.

　　 c.　The officer challenged the thief and tried to make the car stop, but the driver ran him down.

(3a) では「私が（ヒッチハイクのために）親指をかかげた結果，車が止まった」というように，and の前の部分が原因，後の部分が結果を表している。これに対して，(3b)，(3c) では因果関係の意味が動詞の中に含まれている。(3b) では，彼がブレーキを踏んだ結果，車が止まったということが動詞 stop の意味の中に込められている。(3c) では，警官が窃盗犯に対して「止まれ」と命令したり，逃走しようとする車の前に立ちふさがったことが原因となり，車が止まるという結果を生じさせたことが，動詞 make と stop によっ

---

[1]　(3a) は OCD，(3b) は LDOCE，(3c) は OPV より。

128

て表現されている。²

　(3b, c) のように行為者が原因となる何らかの行為を行って，結果となる事態（出来事）を引き起こすことを「使役」といい，それを表す動詞を「使役動詞」という。(3b) では原因（＝ブレーキを踏む，等）と結果（＝停車）が他動詞1語（stop）で表されているのに対して，(3c) では使役行為が make，結果が stop というように別々に表現されている点で異なる。

　この二つのタイプにはどのような意味の違いがあるだろうか？次の例を観察してみよう。³

(4) a. Mary opened the door.
　　b. Mary made the door open.
(5) a. I broke the window.
　　b. I made the window break.

(4a) は，ふつうにドアを押した結果，ドアが開いたことを表すのに対して，(4b) は，ドアが引っかかって開かなかったので，力づくで押して無理やり開けたような場合に用いられる。同様に，(5a) は，ハンマーで窓をたたくなどした結果，窓が割れたことを表すのに対して，(5b) は，ドアを勢いよくバタンとしめた衝撃で窓が割れたような場合に用いられるとされる。⁴

　このように，他動詞1語で因果関係を表す場合は，他動詞の主語がふつうの直接的な仕方で結果事態を引き起こしているのに対して，「make＋目的語＋自動詞」で因果関係を表す場合は，make の

² 原因を by 句を使って明示することもできる。
　(3b′) He stopped the car by slamming on the brakes.
　(3c′) The officer tried to make the car stop by blocking the way.
³ (4) は Dixon (2005: 312)，(5) は Talmy (2000: 503) より。
⁴ 類例について Dixon (2005: 60, 312)，高見 (2011: 174–181) も参照。日本語の「車を止めた」と「車を止まらせた」のようなペアにも同様の意味の相違が認められる点については，高見 (2011: 145–153) を参照。

主語があまりふつうでない間接的な仕方で結果事態を引き起こしていると言える (cf. 高見 (2011))。この意味の違いは表現形式の違いと相関していそうである。前者では、原因と結果が1語に圧縮されて表されていることから、原因と結果が隣接し、ひとまとまりとして認識されるくらい頻繁に起こるようなふつうの〈原因 – 結果〉を表すのに対して、後者では、原因と結果が別の語で表現されていることから、原因と結果が離れていて、間接的であまりふつうでない〈原因 – 結果〉を表すと考えられる。

　他動詞で使役を表す場合と、make と自動詞で使役を表す場合——たとえば、stop と make ... stop—— を比較すると、後者は make という「しるし（標）」がついている。一般にしるしのついているものは、ついていないものより非基本的である。たとえば、lion と lioness を比べると、前者は「雄ライオン」のほかに「ライオン一般」という中立的な意味を表すことができるのに対して、後者は「雌ライオン」という意味しか表せないという点で、中立的でなく、基本的でない。この違いが -ess というしるしの有無で示されているわけである。このことからすると、make と自動詞で使役を表す場合は、他動詞1語の場合と比較して、非基本的な、ふつうでない因果関係を表すということになり、上で見た観察と一致する。

　以下では、make タイプの使役動詞を用いた使役表現を考察する。この使役動詞には、make のほかに、get, have, let がある。let を除いては、それぞれの動詞の原義が因果関係を表すことに寄与していることがわかる。すなわち、原因となる行為を行うことによって新しい結果事態を、make は「作り出す」、get は「得る」、have は「所有している」ことを表す。たとえば、Mary made [a cake]. において Mary が a cake を作ったのと同様に、Mary made [the door open] は、Mary が the door open という事態を作り出したというわけである。以下ではこれらの使役動詞の意味の違いを中心

に見ていくことにする。[5]

2.　make

　他動詞 walk と使役動詞 make ... walk を使った次のペアを比較
してみよう。[6]

(6)　a.　John walked the dog in the park.
　　　b.　John made the dog walk in the park.

他動詞 walk を使った (6a) では，犬が散歩したがっていたのに対
して，make を使った (6b) では，犬が散歩したがらなかったのを
無理矢理散歩させた感じがする。

　今度は，make の目的語に人がくる例を見ておこう。[7]

(7)　a.　He made me come against my will.
　　　b.　I really didn't want to go, but she made me.
　　　c.　I wanted to watch the film, but Dad made me do my
　　　　　homework.
　　　d.　You can't make me.

(7a)-(7c) では，against my will や didn't want to ... などの語句
が使われていることから，自分が望まない行為をさせられたことが
わかる。(7d) は「言うことなんか聞くものか」という意味で，強
情な子どもが親に対して使いそうな慣用表現である。

　以上まとめると，make を使った使役表現は次のような形と意味

---

[5] make, get, have と比べて let はふつうの動詞としてはあまり用いられない
が，原義が「あとに残す」なので，使役の let は「新しい結果事態をあとに残す」
という意味を表すと考えられるかもしれない。

[6] (6) は Dixon (2005: 312) より。

[7] (7a) は新英和大，(7b, c) は Activator より。

をもつと言える。

(8)　形：　　主語＋make＋目的語＋動詞句
　　　意味：　主語の力が目的語の抵抗する力に打ち勝ち，目的
　　　　　　　語の性向に反する（動詞句によって表される）行
　　　　　　　為を命令などによって強制する。

　上の (6b), (7) では主語が意図的に事態を引き起こしているのに
対して，次の例では主語が意図せずに事態を引き起こしている。[8]

(9)　a.　You made me burn the toast by distracting my atten-
　　　　　tion.

　　　b.　My child's peaceful sleeping face always makes me
　　　　　smile.

　　　c.　Thanks for your letter.　It really made me laugh.

　　　d.　These new shoes make my feet ache.

(9a) では聞き手が話し手に命じてトーストを焦がしたわけではな
いし，意図的に話し手の注意をそらしたわけでもない。話し手が聞
き手と話していてパンをトースターに入れていたことを忘れてしま
い，焦がしてしまっただけである。(9b) の子どもは眠っているの
で，意図して私を微笑ませているわけではなく，私は子どもの寝顔
を見て抗しきれずに思わず微笑んでしまうのである。(9c, d) では
主語が無生物なので，意図的に私を笑わせたり，私の足を痛めるこ
とはそもそもできないはずである。

　(8) が make を使った使役表現の典型だとすると，これらの例は
主語が命令などによらず，意図せず事態を引き起こしている点で非
典型的である。しかし，主語の力が目的語の抵抗する力に打ち勝つ
という点では，両者は共通していると言える。

---

[8]　(9a, d) は Dixon (2005: 197)，(9c) は O 和英，(9c) は Activator より。

3. get

使役動詞 get は，make と「主語の力が目的語の抵抗する力に打
ち勝ち，目的語の性向に反する行為」を行わせるという点では類似
する。違いは，make がその行為を命令などによって強制するのに
対して，get は相手を説得したり，なだめすかしたりして同意を取
りつけた上で行わせる点にある。相手がやりたがらないことを説得
したり，なだめてさせるわけだから，get を用いた使役には努力や
苦労のニュアンスが伴う。次の例文を見てみよう。[9]

- (10) a. I had a hard time getting him to pay up.
  - b. It had taken a great deal of persuasion to get him to accept.
  - c. Ed cajoled and pleaded, but couldn't get her to change her mind.

相手の抵抗を押し切る努力や苦労が，これらの例では hard time,
a great deal of persuasion, cajoled and pleaded といった語句に表
現されている。実例も見ておこう。[10]

- (11) In a campaign to get people to join a political party, or vote in a particular way, or adopt some religion, language is the means of persuasion and exhortation.
- (12) Getting computers to understand ordinary English (or text in any other human language) is the clearest and ultimately most important area in which we will come to appreciate the critical importance of linguistics.

---

[9] (10a) は OALD, (10b) は LDOCE, (10c) は Activator より。

[10] (11) は R. M. W. Dixon (2016) *Are Some Languages Better than Others?*, Oxford University Press, p. 4, (12) は Geoffrey K. Pullum (2018) *Linguistics: Why It Matters*, Polity Press, p. 120 より。

(11) は，言語が説得・奨励の手段としての機能をもつことを説明
している文である。この文脈では，get が使われるのがふさわしい。
(12) では get の目的語が人間ではなく，無生物だが，コンピュー
タに言語を理解させることの難しさが get を使うことによって表さ
れている。

　以上まとめると，get を用いた使役表現は次の形と意味をもつ。

　(13)　形：　　主語＋get＋目的語＋to＋動詞句
　　　　意味：　主語の力が目的語の抵抗する力に打ち勝ち，目的
　　　　　　　　語の性向に反する（動詞句によって表される）行
　　　　　　　　為を説得などによって同意の上させる。

make とは異なり，get を用いた使役表現では，to が目的語と動詞
句の間を隔てる。この to は，目的語が表す人に動詞句が表す行為
をさせるのに苦労して乗り越えなければならない距離を象徴してい
るように感じられる。[11]

4.　have

　使役動詞 have では，make と get の場合とは異なり，「目的語の
性向に反する行為」をさせるわけではなく，2 人の社会的な間柄か
らして頼めばやってくれることが社会通念上期待されているような
行為を相手にさせる場合に用いられる。[12] ところで，使役というと，
社会的な立場が上（目上）の者が下（目下）の者に「させる」という

---

[11] バーナード (2013: 116) は，I put on my clothes. と I got on my clothes.
とを比較して，get を使った方が努力を要し，「何とかして服をようやく着るこ
とができた」という感じがすると指摘しているが，使役の get にも同じニュアン
スが伴うことになる。

[12] そのため，*I had the squirrel leave its tree (Talmy (2000: 536)) のよう
に目的語が動物を表す場合は容認されない。使役動詞 have の目的語に無生物が
生じる場合については，高見 (2011: 203–207) を参照。

134

ふうに思いがちだが，必ずしもそうではない。たとえば，教師と生徒の関係を考えてみよう。教師に求められれば生徒がやって当然の行為，生徒に求められれば教師がやって当然の行為がそれぞれある。前者には，宿題をやらせる，クラスで発表させる，校則を守らせるなど，後者には，わからない箇所を説明してもらう，作文を添削してもらう，推薦状を書いてもらうなどが含まれるであろう。次は，それぞれ教師が生徒に「させる」使役，生徒が教師に「してもらう」使役の例になっている。[13]

(14) a. 教師が生徒に対して

The teacher had us turn in an essay of five hundred words every Monday morning.

b. 生徒が教師に対して

Yes Ma'am. This is a list of the colleges I plan to apply to. I'll need to have you write letters of recommendation for me.

同じことは，医者と患者，上司と部下，親と子どものような間柄についても言える。[14]

(15) a. 医者が患者に対して

The dentist had me bite down on a piece of special paper.

b. 患者が医者に対して

Have a dentist clean your teeth to get rid of tobacco stains and decide to keep them looking like that.

---

[13] (14a) は英和活用，(14b) は Charles Shulz, *Peanuts*, 5/18/99 より。

[14] (15a) は英和活用，(15b) は ODE，(16a) は Activator，(16b) は Google 検索，(17a) は Hugh Lofting, *The Voyages of Dr. Dolittle*, Part I, Ch. 12 より，(17b) は Google 検索より。

(16) a.　上司が部下に対して

I'll have my secretary set a date and we'll meet for lunch.

b.　部下が上司に対して

I had my boss write one of my letters of recommendation.

(17) a.　親が子に対して

You see, my mother is awfully anxious to have me learn reading and writing.

b.　子が親に対して

I was fortunate enough to have had my parents pay for my very expensive education.

まとめると，have を用いた使役表現は，次の形と意味をもつ。

(18)　形：　　主語＋have＋目的語＋動詞句

　　　意味：　2人の社会的人間関係からして頼めばやってくれ

　　　　　　　ることが社会通念上期待されているような行為を

　　　　　　　主語が目的語にさせる。

5.　let

最後に，let を用いた次の例を見てみよう。[15]

(19) a.　She wanted to decorate her room, so I just let her get on with it.

b.　If he wants to walk out, well, let him!

いずれにおいても want が含まれていることからわかるように，let は相手が望み通りのことを行うことを許容する場合に用いられる。

---

[15] (19a) は LDOCE，(19b) は NOAD より。

136

次の例では，目的語が眠っている人や無生物を指すので，何かを望んでいるというわけではない。この場合，自然とそうなることをそのままにしておくという意味になる。[16]

(20) a. Let her sleep on—she was so tired yesterday.
　　 b. Just let the chocolate melt in your mouth．It's sheer ecstasy!

(19)，(20) に共通するのは，相手が望むことや自然とそうなることを「妨げない」ということである。この点で第7章で見た may の意味と共通する。まとめると，次のようになる。

(21)　形：　主語＋let＋目的語＋動詞句
　　 意味：　目的語が望みをかなえること，目的語が自然とそうなることを妨げない。

6. まとめ

本章では，使役とは何かを概観したのち，使役動詞 make, get, have, let の意味の違いを中心に見てきた。これまでの考察から，使役動詞と法助動詞の根底には共通性がある場合があることがわかる。使役の make と法助動詞の must は〈事態生起を強制する力の存在〉の点において，使役の let と法助動詞の may は〈事態生起を妨げる障害の欠如〉の点において共通する。ただし，法助動詞の場合が〈非現実〉，すなわち想念の世界における力と力のせめぎ合いを表すのに対して，使役動詞の場合は〈現実〉の世界における力と力のせめぎ合いを表す点において異なると考えられる。

---

[16]　(20a) は英英活用，(20b) は Activator より。

〈基本文献〉

高見健一（2011）『受身と使役』開拓社

西村義樹（1998）「行為者と使役構文」中右実・西村義樹『構文と
　　事象構造』研究社

鷲尾龍一（1997）「他動性とヴォイスの体系」鷲尾龍一・三原健一
　　『ヴォイスとアスペクト』研究社

第10章　受身文

　　プロレスの美学は，相手の得意技を堂々と受けとめ，相手の技の
凄さとともに自分の屈強さをも観客に見せることにあるとされる。
そんなプロレスにおいては，同じ事態を次のように2通りに描写
することができるはずだ。

　(1) a.　猪木はデストロイヤーに4の字固めをかけさせた。
　　　b.　猪木はデストロイヤーに4の字固めをかけられた。

自動詞を使った例としては，次のものがある。

　(2) a.　不慮の事故で息子を死なせてしまった。
　　　b.　不慮の事故で息子に死なれてしまった。

こうした例は，「させる」を使った「使役」表現と，「られる」を
用いた「受身」表現が無関係でないことを示す。[1] すなわち，事態に

---

[1] 英語においても have を用いた同じ文型の文が，使役とも受身とも解すこと
ができることがある。
　(i) a.　I had my hair cut.
　　　b.　I had my wallet stolen.
(ia) では「切らせた，切ってもらった」のように使役表現を用いて訳せるのに対
して，(ib) では「盗まれた」のように受身表現を用いて訳せる。また，次の実例

影響を与えるのが「使役」，事態に影響を受けるのが「受身」と言える（池上 (1981: 181-194)，鷲尾 (1997: 58)）。[2] この向きの違いは，(1)，(2) が示すように，捉え方次第で容易に反転し得るわけである。

　本章では，前章で取り上げた使役とつながりのある受身を扱い，受身文とはどのような意味を表すのかについて考察する。

1.　能動文と受身文

　次のペアにおいて，(a) のような文を「能動文」といい，(b) のような文を「受身文」という。

(3)　a.　Brutus killed Caesar.

　　　b.　Caesar was killed by Brutus.

(4)　a.　John broke the window.

　　　b.　The window was broken by John.

　能動文から受身文への書き換え練習をしたことがある人も多いことだろう。こうした書き換えは二つの文の意味が同じであることを

では，前章 4 節でみた have 使役と同じ形をしているが，意味としてはそれぞれ「見られる」「死なれる」のように受身的に解釈される。

(ii)　Bertie couldn't stand up in a strange restaurant and have everyone look at her, even to tell them the place was on fire, […].

(Iris R. Dart, Beaches, Bantam Books, p. 117)

(iii)　"I already had my friend Peter Sellers die, my pal Freddy Prinze die. Hey, I mean, Bert, you asshole, dying is really a cliché."

(同上，p. 270)

こうした have の使い方も，使役と受身のつながりを示すものと考えられる。

[2]　文型の観点から見てみると，使役は The car stopped. を John made the car stop. と変えることで，新しい他動詞主語を作り出しているのに対し，受身は John ate the cake. を The cake was eaten (by John). と変えることで他動詞主語を消す（あるいは目立たなくする）点で逆の操作を行っていると言える。

140

前提としているが，第1章でみたように，同義文というものがそもそも存在し得ないのであれば，能動文と受身文の意味は異なることが予想される。

　一般に話者は自分が注意を向けているものを主語にするとされる (Tomlin (1995, 1997))。さらに，人は〈動き〉に注意を向ける傾向がある (Abrams and Christ (2003))。たとえば，芝居の幕が開いて，舞台が目の前に現れる。舞台上では何も動きがない。私たちはしばらく舞台装置をあちこち見るほかない。やがて俳優が舞台に登場する。そうすると私たちは自然とその俳優に目がいくはずである。すなわち，私たちの注意はその俳優に向けられることになる。

　これを踏まえて，(4a) について考えてみよう。ジョンは人間，窓は無生物であるので，動くことができるのは当然ジョンのほうである。実際，ジョンはボールを投げるなり，ハンマーを振り下ろすなりして，窓を割る。こうした動きを示すジョンに注意を向けるのは自然なことであり，注意の焦点である「ジョン」が主語になる。このように，(4a) のような能動文は，基本的に（注意の向け方の一般的傾向にしたがって）動作の主体である行為者に注意を向けて主語に据え，主語が何をしたかを描写する文であると言える。

　この観点からすると，動きを示さない，動作の対象である「窓」を主語に据えた (4b) のような受身文は普通ではないと言える。では，受身文はどのような普通でない意味を表しているのだろうか？これについて次節で考えよう。

2.　受身文のはたらき

　次のペアを見てみよう。[3]

---

[3] (5) は Bolinger (1975: 73)，(6) は Rice (1987: 430) より。

(5) a.　The plane departs Boston at 6 P.M.

　　b.　*Boston is departed by the plane at 6 P.M.

(6) a.　Tommy resembles the milkman.

　　b.　*The milkman is resembled by Tommy.

これらのペアは，能動文がすべて受身文に書き換え可能なわけではないことを示す。では，どうして上のペアでは受身文が不可能なのだろうか？　一つの考えとして，他動詞の中には受身にすることができるものとそうでないものがあり，動詞ごとにそれが決まっているというものがある。これまで見てきた例でいくと，kill と break は受身にすることができるが, depart と resemble はそうではない，というわけである。しかし，この考えは成り立たない。次の例を見てみよう。[4]

(7) a.　George turned the corner.

　　b.　*The corner was turned by George.

(8) a.　The two customers entered the store.

　　b.　*The store was entered by the two customers.

(9) a.　The train approached me.

　　b.　*I was approached by the train.

　これらの例も，(5), (6) と同様に，turn, enter, approach は受身にすることができないというように動詞ごとに指定すればよいように見える。しかし，これらの動詞が受身文に使われることもある。

(7′) a.　George turned the page.

　　b.　The page was turned by George.

(8′) a.　The two thieves entered the store.

　　b.　The store was entered by the two thieves.

---

[4] (7)–(9) および (7′)–(9′) は Bolinger (1975: 72, 68) より。

(9′) a. The stranger <u>approached</u> me.

b. I <u>was approached by</u> the stranger.

(7′)–(9′) では，(7)–(9) と同じ動詞 turn, enter, approach が用いられているが，受身文が可能となっている。このことは，受身になれるかどうかは動詞ごとに決まっているという単純な話ではないことを示す。

では，(7)–(9) で受身文が使えないのに対して，(7′)–(9′) では使えるのはなぜだろうか？ まず，(7) と (7′) を比べると，前者は「角を曲がる」，後者は「ページをめくる」という事態を描写する。この二つの事態は，目的語が表すものが変化を被るかどうかの点で異なる。ジョージが角を曲がった場合，角はジョージの動きにまったく影響を受けないのに対して，ジョージがページをめくったときは，右にあったページが左へ移り，位置の変化を被る。(8) と (8′) の差も同様に考えることができる。お客さんが店に入ってきたからといって店は特に変化を被らないが，泥棒が入ってきたら，店を荒らされ，商品を盗まれるなど店は状態の変化を被る。最後に，(9) と (9′) についてはどうだろうか？ (9) で列車がホームに入ってきたからといって，ホームで待つ話し手が特に変化を被ることはない。(9′) では近づいてきたのが列車から見知らぬ人に変わっただけで，(9) と同様に話し手が変化を被ることはないと思われる。しかし，(9′) では話し手が目に見える変化を遂げなくても，見知らぬ人に近寄られることで，身構えたり，緊張したり，場合によっては鳥肌が立ったり，冷汗を流すなど状態が変化することがあり得る。これが (9) と (9′) の受身にできるかどうかの違いにつながっていると考えられる。

以上をまとめると，次のようになる (cf. Bolinger (1975: 67))。

(10) 動作の対象が状態変化を被ると捉えられるとき，受身文は可能となる。

　(10) はさきほど挙げた (5), (6) も説明できる。(5) において飛行機がボストンを出発したからといって，ボストンに変化が生じることはない。(6) の resemble「似ている」はそもそも動作とは言えないので，トミーが牛乳配達人に似ているからといって，牛乳配達人はまったく変化を被らない。よって，(5), (6) の受身文は容認されないのである。

　さて，今度は句動詞を使った能動文と受身文のペアを見てみよう。[5]

(11) a.　They threw away the old newspapers.

　　　b.　The old newspapers were thrown away.

(12) a.　He looked after the children well.

　　　b.　The children were well looked after.

(13) a.　Jane ran up the stairs.

　　　b. *The stairs were run up by Jane.

(14) a.　My brother has lived in Chicago.

　　　b. *Chicago has been lived in by my brother.

これらの例も，一見，throw away, look after は受身にできるが，run up, live in はそうできない，すなわち，動詞＋前置詞の中には受身文で使えるものと，使えないものがあらかじめ決まっているように見える。しかし，それほど単純な話ではない。次の例を見てみよう。[6]

(13b′)　These stairs have been run up so much that the carpet is threadbare.

(14b′)　Chicago has been lived in by generations of immigrants.

　[5] (11), (12) は Thomson and Martinet (1986: 267), (13), (14) は Bolinger (1975: 68–69) より。
　[6] (13b′) と (14b′) は Bolinger (1975: 69, 74) より。

　ここでは（13），（14）では受身文で使うことができなかった run up, live in が受身文の中で用いられている。この違いも（10）で説明できる。（13）ではジェインが階段を上ったところで，階段にはさしたる変化は生じないはずである。一方，（13b′）では，長年多くの人々が階段を上ることで，階段のじゅうたんが擦り切れるような変化が生じているため，受身文が用いられる。（14）では，私の兄がシカゴに住んだからといって，シカゴは何ら変化を被らないはずである。これに対して，（14b′）では，幾世代もの移民がシカゴに住むことによって，シカゴの街の性格が変化することは十分考えられるので，受身文にすることができるわけである。

3.　受身文の形と意味

　行為者がなんらかの動作をしているとき，私たちの注意は動作の主体である行為者に向く傾向がある。そうした動作の主体を主語に据え，主語が〈何をしたか〉を描写するのが能動文である。しかし，動作の対象の状態が変化したときには，注意の焦点を動作の主体から対象へと移すことも自然である。（たとえば，ボクシングの試合において，相手を追い込んでパンチを浴びせる選手から，パンチを浴びせられダウンしそうな選手へと注意の焦点を移すような場合を考えるとよい。）その場合は，動作の対象を主語に据え，その対象が〈どうなったか〉を述べることになる。それが，まさに受身文である。注意の焦点からはずれた動作の主体は，主語という主役の位置から，by の目的語という目立たぬ脇役へ格下げされ，さらにはby 句が省略されて舞台上から姿を消すこともよくある（第 14 章参照）。

　動作の対象よりも動作の主体に注意を向けるのが自然だとすると，動作の主体を主語に据えた能動文の方が，動作の対象を主語に据えた受身文よりも基本的であるということになる。このことは，形の面と頻度の面から裏付けられる。まず，能動文と受身文を形の

面で比較してみよう。

   (4) a.   John broke the window.
        b.   The window was broken by John.

受身文は能動文と比較して，be 動詞，過去分詞 -ed, by という余計な「しるし」がついている。前章第 1 節でみたように，「しるし」がついているものは，ついていないものに比べてなんらかの点において基本的ではないとすると，受身文は，能動文に比べて，基本的ではないということになる。

　また，頻度の点でも，受身文は能動文よりすべてのジャンルにおいて用いられる頻度が少ない。一番よく用いられる学術論文においても受身文の頻度は能動文の 4 分の 1 ほどだとされる（Biber et al. (1999: 476)）。

4.　まとめ

　本章では，受身文が能動文とは単純な書き換え関係になく，両者は異なる事態の捉え方に基づくことを見た。すなわち，能動文は動作の主体が〈何をしたか〉に注目した表現なのに対して，受身文は動作の対象が〈どうなったか〉に注目した表現である。動作の対象が〈どうなったか〉の観点から事態を捉えることができない場合——すなわち，動作の対象が状態変化を被っていない場合——は，能動文が可能でも受身文は容認不可能となるわけである。

〈基本文献〉
高見健一（2011）『受身と使役』開拓社
Dwight Bolinger（1975）"On the passive in English." *The First LACUS Forum*: 57–80. Columbia, S.C.: Hornbeam Press.

第 11 章　前置詞

　前置詞は，名詞(句)の前に置かれてまとまりをつくる品詞である。前置詞の後ろにくる名詞(句)のことを，前置詞の「目的語」と呼ぶ。たとえば，(1) において，前置詞 in は目的語として April をとり，in April というまとまりをつくる。このまとまりは，(1a) のように名詞(句) the first weekend を形容詞のように修飾したり，(1b) のように they got married という出来事を副詞のように修飾する。

　(1) a.　the first weekend in April
　　　b.　They got married in April.

　本章では，前置詞のはたらきについて概観したあと，at, on, in という三つの前置詞を取り上げ，その意味用法を考える。

1.　前置詞のはたらき

　前置詞がどのような役割を果たすかを考える上で，次の例を見てみよう。[1]

----

[1] (2), (3) は Langacker (2008: 71) より。

(2)　A:　Where is the lamp?

　　　B:　The lamp is above the table.

(3)　A:　Where is the table?

　　　B:　The table is below the lamp.

　(2) では A がランプのありかを尋ねたのに対して，B はテーブルを持ち出してその位置との関係でランプのありかを示している。これとは逆に，(3) ではテーブルのありかが問題となっており，ランプが持ち出されてその位置との関係でテーブルのありかが示されている。このことから，前置詞は，あるモノを位置づけるのに基準となる別のモノを目的語として持ち出し，それと関係づける役割を果たしていることがわかる。

　位置づけの基準となるには，大きく，動かないものが望ましい。次のペアを見てみよう。[2]

(4)　a.　The bike is near the house.

　　　b.　?The house is near the bike.

(2)–(3) において，ランプがテーブルの上にあれば，テーブルがランプの下にあったのと同じように，(4) でも自転車が家の近くにあれば，当然，家も自転車の近くにあるはず。それにもかかわらず，(4b) は不自然な言い方である。自転車を位置づけるのに比較的大きくて不動な家は基準となれるが，家を位置づけるのに小さくて動きまわる自転車は基準となりにくいからである。[3]

---

[2]　(4) は Talmy (2000: 314) より。

[3]　これは，対称性を表す動詞の主語と目的語の関係と類比的である。

　(i)　a.　My sister resembles Madonna.

　　　b.　?Madonna resembles my sister.　　　　　　(Talmy (2000: 318))

私の妹がマドンナに似ているのなら，マドンナも私の妹に似ているはずだが，有名人のマドンナを類似の基準としてとることはできるのに対して，その逆はできにくいわけである。

しかし，モノを位置づけるには基準を持ち出すだけでは足りない。たとえば，ゴキブリがどこへ逃げたのか知りたいときに，こたつを持ち出すだけでは不十分である。こたつのどこなのか，中なのか，上なのか，後ろなのか … を示す必要がある。

前置詞は，位置づけの基準となるモノに対して条件を課すことによってこの問題を解決する。たとえば，in や on は基準となるモノの形状を指定する。「こたつの中」と言えば，こたつは〈立体〉として，「こたつの上」と言えば，こたつは〈平面〉として捉えられるわけである。一方，behind には位置づけの基準として話者も加わる。（進行方向によって前後が与えられる）自動車などと違い，こたつ自身には前も後ろもないが，「こたつの後ろ」と言えば，話者と向き合っている側の反対側を指し，話者が位置づけの基準に加わっていることがわかる。

英語の具体例を見ておこう。[4]

(5) a. Turn right at George Street and go three blocks.
    b. There is a lot of traffic on this street.
    c. There are several potholes in the street in front of my house.

これらの例では，前置詞の目的語としていずれも名詞 street が使われているが，その捉え方が異なっている。at が使われる (5a) では，street は〈点〉（自分が進む道と George Street が交わる「交差点」），on が用いられる (5b) では，street は〈平面〉(cf. 路面)，in が用いられる (5c) では，street は〈立体〉として捉えられているわけである。

現実世界のモノはさまざまな形をしているが，そうしたモノを幾何学的な〈点〉，〈平面〉，〈立体〉として捉えるには，なんらかの

---

[4] (5) は Tyler and Evans (2003: 178–179) より。

「理想化」が必要である。次の例を見てみよう。[5]

  (6) a. There is a bird in the cage.
        b. There is a bird in the tree.
  (7) a. Cut along the line with your circular saw at its maximum depth, then rotate the timber one time to expose the adjacent face.
        b. They walked slowly along the road.

(6a) の cage は典型的な〈立体〉とみなすことができるので、この in は基本的な使い方である。一方、(6b) の tree はふつう立体とはみなされない。それでは、この「木の中」とはどこを指すのだろうか？　この文は、鳥が木の枝にとまっている状況を描写したものである。ということは、tree は〈木の枝、葉で縁取られた立体空間〉を指していると言える。ここでは、木のこんもりと茂った部分を〈立体〉として理想化しているわけである。一方、along の目的語は〈線〉として捉えられる。(7a) の line は文字通り〈線〉なのに対して、(7b) の road は幅があり、幾何学的な線とはみなされないが、〈線〉として理想化されている。

2.　at, on, in の基本的意味

　以下では、代表的な前置詞として at, on, in の三つを取り上げ、それぞれの意味用法を考察しよう。これらは、位置づけの基準が、それぞれ〈点〉(0 次元)、〈平面〉(2 次元)、〈立体〉(3 次元) であることを要求する前置詞である。

2.1.　at の意味
　まず、at について見てみよう。at はその後にくる名詞を〈点〉と

---

[5]　(7a) は OSD、(7b) は OALD より。

して捉える前置詞である。体積をもつ物体であっても，遠ざかって俯瞰から見ると，やがて点のように見えるはずである。次の例文を見てみよう。[6]

    (8)   John is at the store.

店は，通常は内と外がある建物であるため〈立体〉と言えるが，ここでは〈点〉として捉えられ，内と外がないものとして表現されている。そのため，この文においてジョンが店の中にいるか，外（たとえば入口や駐車場）にいるかは問題とならない。

  at がいわば俯瞰からモノを捉える場合に使われることを考えると，次の例文において New York の前に at が使われているのがなぜなのかわかるだろう。[7]

    (9)   We stopped to refuel at New York on our way to Tokyo.

ニューヨークはセントラル・パーク，メトロポリタン美術館，ブロードウェイの劇場を含む，広い空間として捉えられ，John lives in New York. のように in と結びつくのが普通である。しかし，上の例文は，飛行機の航路について語っているため，ニューヨークも東京も俯瞰から眺められて〈点〉として捉えられ，at が用いられているわけである。

  さて，〈点〉は，大きなモノ（建物，場所）を俯瞰で見た場合のほかに，線と線が交わってもできる。次の例文を見てみよう。[8]

  (10) a. The café is at the highway.
          b. The bomb exploded at 1000 feet.

(10a) は，いま車を運転している道がハイウェイと交差したところ

---

[6] (8) は Herskovitz (1986: 82) より。

[7] (9) は Leech and Svartvik (2002: 97) より。

[8] (10) は Lee (2001: 23-24) より。

にカフェがあるという場合に用いられる。二つの道が線のように交差し，〈点〉ができるので，at が用いられるわけである。(10b) は，爆弾が落下していく軌道と高度 1000 フィートがともに線のように捉えられ，両者が交わる〈点〉で爆弾が爆発したということから at が用いられている。

　〈点〉は，狙うべき〈標的〉として捉えられることがある。[9]

(11) a. You always seem to be talking at me rather than to me.

　　 b. He threw the ball at me rather than to me.

〈方向〉を表す to と対比的に用いられることによって，話し手が攻撃対象のように〈標的〉として捉えられていることが示されている。

2.2. on の意味

　at がそのあとにくる名詞(句)を〈点〉として捉えていたのに対し，on はそのあとにくる名詞(句)を〈平面〉として捉える。最も典型的な使い方は，モノが平面に〈接触〉し，〈下から支えられる〉場合である。次の例を見てみよう。[10]

(12) a. There is a book on the table.

　　 b. a boat on the river

(12a) では，〈平面〉としてのテーブルが本と〈接触〉し，それを〈下から支え〉ている。

　この〈下から支える〉という条件は，必ずしも必要ではない。たとえば，次の例において，絵と壁，ハエと天井は，〈接触〉はしているが，〈下から支える〉という関係にはないにもかかわらず，on が使われている。

---

[9] (11a) はリーダーズ，(11b) は英和活用より。

[10] (12b) は OALD より。

(13) a. There is a picture on the wall.

b. There is a fly on the ceiling.

壁や天井が〈平面〉として捉えられ，位置づける対象である絵やハエがそれと接触してさえいれば，on を使うことができるわけである。

これまで見てきたように，on の目的語は〈平面〉であるのが普通だが，次の例のように〈線〉であることもある。[11]

(14) a. They have a house on the river.

b. a city on the road to Versailles

c. a checkpoint on the border

これらは，川，道，国境が一次元の〈線〉として捉えられ，家，町，検問所がそれと接していることを表す。

同様に，次の例においても，指や棒は〈線〉として捉えられていると考えられる。[12]

(15) a. The woman had a ring on her finger, so I assumed she was married.

b. You've never roasted marshmallows? It's easy. You just put the marshmallow on a stick and hold it over the fire.

たとえば，指輪は指にはめるものであって，本が机の上にあるように指の上に乗っかっているわけではない。それでも，指にはめることによって指輪は指と接触し，固定されるので，on が使えると考えられる。

ただし，接触という条件は緩やかに解釈され，実質的に接触して

---

[11] (14a) は OALD，(14b) は Herskovitz (1986: 147)，(14c) は英和活用より。

[12] (15a) は LDOCE，(15b) は Charles Schulz, *Peanuts*, 6/6/87 より。

さえいればよいこともある。[13]

(16) a.　the pears on the branch
　　 b.　a dog on a leash

たとえば，梨は「へた」を介して枝にぶらさがっていて，果実の部分は枝と直接に接触しているわけではない。しかし，へたを介してぶらさがることで，枝から離れることはないので，実質的に接触しているとみなされる。

2.3.　in の意味

　最後に in は，あとにくる名詞（句）を〈立体〉として捉える前置詞である。最も典型的な使い方は，次のように，モノ X が立体 Y の内部に完全に収まっているような場合である。

(17)　the block in the box

箱は内と外をもつ三次元の立体であり，その内部にブロックが完全に収まっている。

　一方，in は，あとに続く名詞（句）が二次元の〈平面〉として捉えられる場合にも用いることができる。[14]

(18) a.　the block in the rectangular area
　　 b.　The line *l* lies in the plane.
　　 c.　Everyone looked hot. There was no shade to stand in.
　　 d.　There's a hole in your sweater.
　　 e.　His hands were folded in his lap.

---

[13] (16) は Herskovitz（1986: 144）より。
[14] (17)，(18a) は Herskovitz（1986: 44），(18b) は新和英大，(18c) は Margaret & H. A. Rey, *Curious George and the Ice Cream Surprise*, Houghton Mifflin Harcourt, 2011，(18d) は Sandra and Rice（1995: 109），(18e) は LDOCE より。

(18a), (18b) では in の目的語として rectangular area, plane という〈平面〉を表す幾何学の用語が用いられていることから, in は〈平面〉を表すのにも用いられることがわかる。(18c) の日かげ, (18d) のセーター, (18e) のひざも〈平面〉と捉えられていると考えられる。日本語では「ひざの上」というので, lap が in をとるのは意外に感じられるかもしれない。もちろん, on をとることもできる (He took off his jacket and folded it neatly on his lap. (Activator))。

さらには, in は, あとに続く名詞(句)が一次元の〈線〉として捉えられる場合にも用いられることがある。[15]

(19) a. the gap in the border
    b. We came to a fork in the road.

(19a) では国境が〈線〉として捉えられ, フェンスでずっと仕切られていた国境に一カ所切れ目があり, そこから密入国者が入ってくるような状況を指す。同様に, (19b) では道の上に Y 字形の切れ込みが入っているとみなされる。

典型的な〈立体〉として〈容器〉がある。だが, 容器の中に入っていれば, どんな場合でも in が使えるというわけではない。あるモノが〈容器〉として捉えられるためには, 容器として機能する必要がある。容器の機能とは何か? 容器は何かを入れて運んだり, (外へ拡散しないよう)一カ所にまとめて保存したりするためのものである。容器が慣習的な機能を果たさない場合には in が使えないことがある。ボウルの中にじゃがいもが入っている場合は, the potato in the bowl と言えるが, じゃがいもの上にボウルをかぶせた場合には, in は使えず, under と言う必要がある。反対に, ソケットは電球を中に収めることによってはじめて, その機能を果たすので, 位置としては電球はソケットの下にあるが, under は使え

---

[15] (19a) は Herskovitz (1986: 44), (19b) は OCD より。

ず，in を使うことになる。[16]

   (20) a.   The potato is {*in / under} the bowl.

         b.   The bulb is {in / *under} the socket.

このことは前置詞の使用が幾何学的な配置だけで決定されるわけではなく，前置詞の目的語が表すモノの機能も関与することを示す。

  さて，次を比較してみよう。

   (21) a.   There is a bird in the cage.

         b.   There is a bird in my hand.

(21a) では，鳥はかごの中に完全に収まっており，そのため，逃げることはないだろうし，かごに入れて持ち運ぶことも可能となる。一方，鳥を手にもつ場合は，よほど手の大きい人でない限り，鳥が手の中に完全に収まるようなことはなく，ふつうはその一部がはみ出すはずである。そのような場合でも (21b) のように in が使える。He has a pipe in his mouth. も同様である。パイプ全体が口の中に入っているわけではもちろんなく，吸い口だけが口の中に収まっているわけである。

  前置詞 in は比喩的に使われることも多い。

   (22) a.   He's in love.

         b.   Are you in line?

(22a) は，直訳すると「ジョンは愛の中にいる」となるが，「愛」は「部屋」などと違って，文字通りに「中」に入ることはできない。この文は，「状態」を目に見える〈容器〉に喩えた比喩表現であり，「恋愛状態」にあることを「恋愛の中にいる＝恋愛中」と表現しているわけである (cf. Lakoff and Johnson (1980: 29-32))。(22b) は，「製作」を〈材料を製品の中に入れること〉に喩える比喩 (cf. Lakoff and

---

[16]　(20) は Herskovitz (1986: 16) より。

Johnson (1980: 73)) が基になっている。make flour into bread の
into の使い方がその例となる。列をなすことも同様に，The teach-
er formed his students into a line. (O 英和) のようにいう。出来上
がった列の中に材料としてあなたは入っていますかと聞くことに
よって列に並んでいるかどうかを問うのが (22b) である。

3. at, on, in の使い分け

　前節で at, on, in の基本的な使い方を見てきた。ここでは，こ
れら三つの前置詞の使い分けを考えよう。それによって，これらの
前置詞の使い方がよりはっきりと理解できるようになるはずであ
る。

3.1. at と in, on

　さきに見たように，at はモノを俯瞰でみることによって〈点〉と
して捉えるのであった。このことから，at と in および on には，
〈遠／近〉という意味の差が生じることがある。[17]

(23) a. June is {at/in} the supermarket.
　　 b. Lou is {at/on} the beach.

(23a) において，at が用いられる場合は，スーパーが〈点〉として
捉えられている。すなわち，話し手はスーパーを遠くから（俯瞰し
て）捉えているということになる。そのため，この文は話し手自身
はスーパーにおらず，たとえば自宅にいて，友人から「ジューンは
どこにいる？」と聞かれたような場合に使われるとされる。このと
き，ジューンはスーパーの中にいるかもしれないし，外の入り口あ
たりにいるかもしれない。あるいは，もしかしたらまだスーパーに
到着していないかもしれない。このような場合であっても，at は

---

[17] (23) は Herskovitz (1986: 132) より。

使えるのである。もし，話し手がジューンと同じスーパーの中にいるのであれば，スーパーを〈点〉としては捉えられないため，at ではなく，in が使われることになる。(23b) も同様である。

3.2.　in と on

次に in と on の使い分けについて考えよう。さきに見たように，あとに続く名詞（句）を in は〈立体〉，on は〈平面〉として捉える。同じモノを〈立体〉とも〈平面〉とも捉えることができる場合がある。次を見てみよう。[18]

(24) a.　We sat {on / in} the grass.

　　 b.　the {wrinkles on / deep wrinkles in} his forehead

(25)　Alice did not much like keeping so close to her: first, because the Duchess was *very* ugly; and secondly, because she was exactly the right height to rest her chin upon Alice's shoulder, and it was an uncomfortably sharp chin. (中略)

　　　'Ah, well! It means much the same thing,' said the Duchess, digging her sharp little chin into Alice's shoulder as she added, (以下略)

(24a) では芝を〈平面〉とみるか，〈立体〉とみるかで on と in が使い分けられている。芝の丈が短く，ほとんど地面の上に座るような感覚ならば on が用いられる。これに対して，芝の丈が長く，芝の中にお尻が入り込むような感覚ならば in が用いられる。これは，あくまで「捉え方」の問題であり，芝の丈が何センチ以下だと on で，何センチ以上だと in だというような客観的な基準があるわけ

---

[18] (24a) は Leech and Svartvik (2002: 98)，(24b) は Herskovitz (1986: 40) より。(25) は Lewis Carroll, *Alice's Adventures in Wonderland*, Ch. IX より。

ではもちろんない。一方，(24b) の「皺」と「額」は，(24a) の「私たち」と「芝」のように，別々に存在するものではないが，ここではあたかもそうであるかのように捉えられている。すなわち，皺が額という〈平面〉に乗っかっているとみなせば，on が用いられ，額という〈立体〉にめり込んでいるかのような深い皺であるとみなせば，in が用いられることになる。これももちろん皺の深さが何ミリ以上か以下かなどという基準はない。あくまで，話者の捉え方の問題である。(25) は『不思議の国のアリス』からの一節で，公爵夫人があごをアリスの肩に乗せる場面である。肩をあごに乗せる〈平面〉とみなせば (up)on，あごをめり込ませる〈立体〉とみなせば in(to) が用いられる。それに応じて，動詞も rest と dig となっている点に注目したい。

　乗り物は（馬などを除いて）ふつうどれも 3 次元の容器なので，in をとりそうだが，on となるものと，in になるものがある。[19]

(26) a.　on {an airplane / a ship / a train / a bus}
　　 b.　in {a helicopter / a boat / a carriage / a car}

on が使われる場合は，乗り物の中にいるということよりも，〈平面〉として捉えられる比較的広い床に接触して，運ばれていくということの方が重視されている。そのため，on は飛行機，船，電車，バスなど定期運行し，乗客を運ぶ乗り物に対して用いられ，乗る場合は get on(to)，降りる場合は get off (of) が用いられる。[20] これに対して，in は，中に乗り込むということに焦点を当てた表現であり，ヘリコプター，ボート，馬車，車のほか，タクシー，トラックなど個人的な乗り物に対して用いられ，乗る場合は get in(to)，降りる場合は get out of が用いられる。

　乗り物が交通手段としてでなく，単なる〈容器〉とみなされるよ

---

[19]　(26) は Talmy (2000: 231) より。
[20]　その他の乗り物も含め，中右 (2018: 第 10 章) を参照。

うな場面では，on をとる乗り物であっても次のように in が用いられる。[21]

(27) a. There was an artist in the bus sketching its contours.
b. There was a stray dog / a bomb in our bus.

それぞれ芸術家，犬／爆弾がバスに乗って移動するということよりも，バスという空間の内部に存在することの方に焦点が当てられている。

最後に，時間を表す場合の in と on を見ておこう。

(28) John arrived {in time / on time}.

ここでも，in が内部，on が接触という基本的な使い方が守られている。on time は，約束の時間（たとえば，8時）に接触しているということで，「時間ぴったりに」の意味となる。

8 時

これに対して，in time は約束の時間より手前の時間帯（下図の＋＋＋＋）の中に入っている（cf. (19a)）ということを表し，「間に合って」の意味になる。

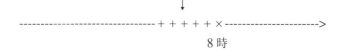

8 時

---

[21] (27) は Talmy (2000: 231) より。Lee (2001: 25) は，John is {in/on} the train. を比較し，列車は in を使った場合は停車中で，on を使った場合は移動中だとしている。

4. まとめ

　本章では，前置詞のうち，at, on, in という三つを取り上げ，その意味用法を概観した。その上で，どの前置詞を選択するかは，客観的な空間関係によってのみ決定されるのではなく，話し手が空間関係をどのように捉えているかが重要であることを見てきた。

〈基本文献〉

Annette Herskovitz (1986) *Language and Spatial Cognition: An Interdisciplinary Study of the Prepositions in English.* Cambridge University Press, Cambridge.

田中茂範 (2017)『改訂新版　英語のパワー基本語［前置詞・句動詞編］』コスモピア

上田明子 (2018)『イメージ感覚で捉える　英語の前置詞』開拓社

第 12 章　句動詞

　英語はドイツ語，オランダ語などとともにゲルマン語派に属する
が，1066 年のノルマン征服（北フランスにあったノルマンディ公
国のウィリアムがイングランドを征服し，イギリス王となった出来
事）以後，フランス語および（フランス語の祖先である）ラテン
語から多くの単語を借用してきた。このため，英語の中には類似
した意味を表すのにゲルマン語系の単語とラテン語系の単語が併
存する場合がある。たとえば，child – infant, wedding – marriage,
buy – purchase, hide – conceal, begin – commence は，ゲルマン語
系 – ラテン語系のペアになっている。この区別は，日本語でいえば，
大和言葉と漢語の区別に相当し，たとえば，begin – commence は
「はじめる – 開始する」に対応する。大和言葉と漢語の区別と類比的
に，本来語のゲルマン語系の単語がやわらかく，親しみがあるのに
対して，外来語のラテン語系の単語はかたく，難しい響きがする。
　英語には動詞と前置詞が組み合わさって，動詞と前置詞の意味を
足し算しただけではなかなか出てこないような意味を表す「句動
詞」と呼ばれる表現が多数ある。たとえば，put on（置く＋上に →
着る）や turn in（まわす＋中に → 提出する）である。こうした句動詞
で使われる動詞のほとんどは 1 音節のゲルマン語系の動詞である
（Kennedy（1958: 41-42））。このため，句動詞は，1 語で言い換えら

れるラテン語系の単語よりも「よりやわらかく，人間味のある表現」（ピーターセン（2010: 195)，cf. Kennedy（1958: 57-60)，Bolinger（1971: 172)）となる。ピーターセン（2010: 196）が挙げている例を見てみよう。

(1) "If you plan to **continue** studying here, please **complete** this application form and **submit** it by Friday."
　　（お勉強の継続をなさるなら，お手数ですが，この申込書に必要事項を記入して，金曜日までにご提出ください）

(2) "If you're going to **keep on** studying there, we'll have to **fill** this **out** and **turn** it **in** by Friday."
　　（塾を続けるんだったら，これに書いて金曜までに出さないといけないのよ）

(1) は塾の受付係が母親に言った説明，(2) は家に戻った母親がそれを娘に伝える場合である。太字に注目すると，前者ではラテン語系の単語が使われているところが，後者では句動詞になっている（この違いが漢語と大和言葉の違いとしてピーターセンの日本語訳に反映されていることに注意）。

　多くの人は，句動詞は熟語（イディオム）の一種で丸暗記するしかないと思っているかもしれない。たしかに句動詞に含まれる前置詞の使い方には一貫性がないようにみえる。次の例を見てみよう。[1]

(3) a. She walked in, turned, and walked out.
　　b. They turned in their homework papers.
　　　　Everything turned out okay.
　　c. He filled {in / out} his registration card.
　　d. The stars are out and the lights are out.

(3a) の walk in と walk out は反義語になっているのに対して，

---

[1] (3) は Lindner（1982: 305）より。

（3b）の turn in と turn out の意味の間にはなんの関係もなさそうである。その一方で，（3c）の fill in と fill out は，in と out が用いられているにもかかわらず，ともに「記入する」という同じ意味を表しているようにみえる。さらに，（3d）では，同じ out が使われているが，星が出て，明かりが消えるという反対の意味を表している。一体どうなっているのだろうか？

　前置詞を扱った前章に引き続き，本章では，句動詞が表す意味を前置詞の観点から見ていき，句動詞の意味は必ずしも丸暗記しなければならないものではなく，前置詞の意味から動機づけることができることを見ていく。[2]

1.　句動詞の分類

　句動詞はいくつかに分類することができる。Dixon（1982: 14）は，次の6つに分けている。[3]

(4)　I.　動詞＋前置詞（例：set in, come to, fall through, pass out）

　　　II.　動詞＋前置詞＋名詞（例：take after X, come by X, set about X, pick on X）

---

[2] 毛利（1987: 92）は「この句動詞の用法を身につけて行く方法ですが，（中略）〈動詞を中心に考え，それにどんな副詞をつけるか〉という方向で考えて行くと，骨ばかり折れて能率が悪い（中略）。私の提案したいのは，**副詞の方を中心に考**え，それにどんな動詞がつき得るかという考え方をすることです。」と述べている。一方，句動詞の意味を動機づけるには動詞の側の意味も重要だと指摘した研究に Morgan（1997）がある。

[3]（I）の「前置詞」は「副詞」，（III）の「前置詞」は「不変化詞」のように区別して呼ばれるのが普通である。実際，句動詞には away や out のように前置詞の用法を持たないものも含まれる。しかし，本章では Dixon（1982）に従って便宜的にすべて「前置詞」と呼ぶことにする。句動詞の分類については，Fraser（1976）も参照。

164

　III.　動詞＋名詞＋前置詞（例：put X off, take X on, put X up, bring X down）

　IV.　動詞＋名詞＋前置詞＋名詞（例：see X through Y, hold X against Y, take X for Y）

　V.　動詞＋前置詞＋前置詞＋名詞（例：take up with X, go in for X, get on to X, scrape by on X）

　VI.　動詞＋名詞＋前置詞＋前置詞＋名詞（例：put X down to Y, let X in for Y, tie X in with Y, take X up on Y）

　このうち，タイプ II とタイプ III の区別について見ておく。タイプ II の句動詞は，動詞＋前置詞＋名詞の形で用いられ，名詞を動詞の後ろにもっていくことはできない。[4]

　(5)　a.　John takes after his father. / *John takes his father after.
　　　b.　John picked on Fred. / *John picked Fred on.

　これに対して，タイプ III では通常，動詞＋名詞＋前置詞と，動詞＋前置詞＋名詞の両方のパタンが可能である。

　(6)　a.　John put off the meeting. / John put the meeting off.
　　　b.　John picked out Fred. / John picked Fred out.

　6 タイプの中でタイプ III の句動詞が最も数が多いとされる（cf. Dixon (1982: 15-16)）。

2.　前置詞から見た句動詞

　以下では，句動詞を構成する前置詞のうち，out / in, up / down, on / off に焦点をあて，句動詞の表す意味がまったくでたらめなわ

---

[4] (5) は Dixon (1982: 4, 20)，(6b) は Dixon (1982: 20) より。

けではなく，ある程度の一般化ができることを見ていく。[5]

2.1.　out / in を含む句動詞

　まず，out/in を含む句動詞について Lindner（1982）の記述を参考にして見ていこう。

2.1.1.　動詞＋out

　out の基本的な意味は，〈容器〉の内から外への移動を表す。[6]

　(7) a.　She pivoted around and <u>walked out</u>.
　　　b.　The sky cleared and the sun <u>came out</u>.
　　　c.　He <u>took</u> the cake <u>out</u>.
　　　d.　He <u>picked out</u> the ripest peach for me.
　　　e.　We'd better <u>clean out</u> the attic this week.

句動詞が，(7a)，(7b) では自動詞，(7c)，(7d) では他動詞として用いられている。これらの例においては，何が〈容器〉なのかは明示されていないが，(7a) では「部屋」ないし「家」，(7b) では「雲」，(7c) では「オーブン」，(7d) では「桃の集合」が〈容器〉として解釈される。実際，たとえば，(7a) において She walked out of the room. のように〈容器〉を明示することもできる。一方，(7e) では，attic（屋根裏部屋）が〈容器〉であることが明示されている。この用法を図示すると次のようになる。

---

[5] Dixon（1982: 31）は，調査した 800 あまりの句動詞の中でこれら 6 つの前置詞を含むもので 3 分の 2 を占めるとしている。バーナード（2013: 84）も参照。
[6] (7a, d) は OALD，(7b, e) は LDOCE，(7c) は Dixon（1982: 18）より。

166

図1　V-out1：容器の内から外へ

　この〈容器の内から外へ〉という用法とつながるのが，〈拡張〉の用法である。[7]

　(8)　a.　The baby's filled out a lot recently.
　　　b.　Spread out all the pieces before you begin the jigsaw.
　　　c.　The teacher handed out the test papers.

ここでも，句動詞が (8a) では自動詞，(8b, c) では他動詞として用いられている。(8a) の fill out は「ふっくらする，太る」の意味で，〈容器〉としての身体が内側から満たされて外側へ拡張していくことを表している。(8b)，(8c) はそれぞれ「広げる」「配布する」の意味で，手元にまとまって集合をなしていたパズルのピースや試験問題の用紙が外へと広がり，拡張していくことを表している。これらの例では，〈容器〉自体が拡張することで，次図のように，容器の境界線が内から外へと動いていくことになる。

---

[7]　(8a, b) は OPV，(8c) は LDOCE より。(8c) の hand out については，配布者の領域を〈容器〉とみなし，そこから外へ出ていくと考えて V-out1 の例と分析することもできる。

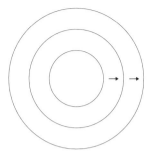

図 2　V-out2：拡張

　さて，上でみてきた例はいずれも空間における具体的な動きを表す例だったが，抽象的な変化を表すのにも out を含む句動詞が用いられる。次の例を考えてみよう。[8]

(9)　a.　His red clothes <u>stood out</u> clearly against the snow.
　　　b.　The wedding photos have <u>come out</u> really well.
　　　c.　Shots <u>rang out</u>, and I screamed in terror.
　　　d.　I hate <u>reading out</u> my work in class—I'm scared that people are going to laugh at me.
　　　e.　Eventually the truth <u>came out</u>.
　　　f.　We <u>found out</u> later that we had been at the same school.

いずれも〈容器〉としての状態（cf. 第 11 章 (22a)）の内から外への動きを表している。箱に何が入っているかは外からはわからないように，一般に，容器の中にあるものは，容器の外にいる人には知覚できない。容器の外へ出てくることによってはじめて知覚可能となる。そのため，(9a, b) では，見えない状態から見える状態へ，(9c, d) では聞えない状態から聞える状態へ，(9e, f) では知られていな

---

[8]　(9a, f) は OALD，(9b, c, e) は LDOCE，(9d) は Activator より。

168

い状態から知られた状態への変化を表すことになる。

これとは逆に，次の例では容器の外に出ることが知覚不可能となることを表している。[9] すなわち，(10a-c) では見えている状態から見えない状態へ，(10d) では聞えている状態から聞えない状態へ，(10e) では覚えている状態から覚えていない状態への変化を表している。これはどうしてだろうか？

(10) a. Suddenly all the lights went out.

b. These stains will never come out!

c. Clouds blotted out the sun.

d. The music was playing at full volume, drowning out conversation.

e. He tried to blot out the image of Helen's sad face.

ここでは，〈容器〉として捉えられるものが (9) とは異なっていると考えられる。come into view, in sight といった句，Out of sight, out of mind. ということわざからもわかるように，知覚可能な状態を〈容器〉と捉えることができる。その〈容器〉から外へ出ていくことが，知覚不可能になることを表すわけである。[10] いずれにせよ，(9), (10) は，状態という抽象的な〈容器〉の内から外へという動きを表す。(7) とは違って具体的な容器ではないが，〈容器〉の内から外への動きという点では共通する。

知覚不可能となるということは，消滅するということであり，次

---

[9] (10a, c, e) は OALD, (10b) は LDOCE, (10d) は OPV より。

[10] 次のペアを見てみよう。

(i) I'll have to iron out the creases.

(ii) We need to iron out a few problems first. (LDOCE)

(i) ではアイロンをかけることによって服の内にあったしわを外に出す（＝しわをのばして消す）ことを表すのに対して，(ii) ではあたかもアイロンをかけて問題を消すと表現することで，問題を解消することを比喩的に表している。

の例も関連して説明できる。[11]

  (11) a. [N]early every week one of the world's languages dies out.

         b. The tickets sold out within hours.

　知覚とは関係ないものが〈容器〉に喩えられている例として，help out の使い方を見てみよう。[12]

  (12) a. She helped the old man out of the car.

         b. She had helped him out of a tricky situation.

         c. Thanks for helping me out.　I'll return the favour some time.

         d. He's always willing to help out.

（12a）では車が〈容器〉として捉えられていて，老人が車の外へ出るのを手伝ったという意味になる。同じ文型をとる（12b）では，困難な状況が〈容器〉として捉えられている（日本語でも「苦境に陥る」「苦境から脱する」のように，困難な状況が〈容器〉に喩えられることがある）。一方，（12c）では〈容器〉が明示されていないが，（12b）と同様に「苦境から救い出す」の意味が生きている。（12d）ではさらに目的語が省略されているが，（12c）と同様の意味を表す。

　これまで容器の内から外へという移動や，変化の意味を表す out を使った句動詞をみてきたが，「内から外へ」というよりは単に「外で」という場所の意味を表す句動詞もある。[13]

  (13) a. Shall we eat out or stay in?　It's up to you.

---

[11]（11a）は Vyvyan Evans, *The Language Myth*, CUP, 2014, p. 66,（12b）は OALD より。

[12]（12a）は OCD,（12b）は LDOCE,（12c, d）は OALD より。

[13]（13）はいずれも OALD より。

    b.   She left out an 'm' in 'accommodation'.

    c.   He was unhappy at being left out of the team.

(13a) の eat out は「外食する」の意味で，単に外（out）で食べる（eat）ということを表す。(13b) は m を外（out）に残す（leave）ことによって，accommodation の中に入れなかったということから「省く，抜かす」の意味になる。(13c) では out of がついていることからわかるように，チームが〈容器〉として捉えられていて，その外（out）に放置（leave）されたということから「（チーム）からはずされる」の意味になる。

　最後に，〈拡張〉を表す図 2 の比喩的用法を見ておこう。[14]

  (14) a.   The company branched out into selling insurance.

        b.   Acting is still a great love of mine, but I thought it was time to branch out and expand my world.

さきに見た (8) では物理的な拡張を表していたが，ここでは「事業や視野を（木の枝が広がるかのように）広げる」の意味で用いられている。

2.1.2.　動詞＋in

in を含む句動詞の基本は，out を含む句動詞とは逆に，〈容器〉の外から内への動きを表す。次が最も典型的な使い方である。[15]

  (15) a.   You don't have to knock—just walk in.

        b.   The sun went in and it started to rain.　(cf. (7b))

        c.   Did you get in the washing when it started raining?

        d.   She breathed in the cool mountain air.

---

[14]　(14a) は OALD，(14b) は ODE より。

[15]　(15a) は OALD，(15b) は OCD，(15c) は OPV，(15d) は LDOCE より。

句動詞が，(15a, b) では自動詞，(15c, d) では他動詞として用いられている。ここでも，何が〈容器〉なのかは明示されていないが，(15a) では「部屋」，(15b) では「雲」，(15c) では「家」，(15d) では「身体（肺）」が容器として解釈される。実際，たとえば，(15a) において She walked in the room. のように容器を明示することもできる。

これは次のように図示される。

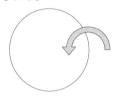

図3　V-in1：容器の外から内へ

in によって示されている〈容器〉が物理的な存在というよりは，抽象的なものとなる場合がある。次の例において何が〈容器〉として捉えられているか考えてみよう。[16]

(16) a.　I keep studying, but these dates just won't go in.
　　 b.　She talks so much that it's impossible to get a word in.
　　 c.　I hear you're organizing a trip to the game next week? Count me in!
　　 d.　Have you all turned in your homework assignments?

(16a) では「頭・理解」，(16b) では「会話のやりとり」，(16c) では「仲間」，(16d) では「（教師の）領域」が〈容器〉として捉えられていると考えられる。[17]

---

[16]　(16a, b) は OPV，(16c) は OALD，(16d) は LDOCE より。

[17]　日本語でも (16a-c) については「頭に入ってこない」，「仲間に入れる」，「自

172

　最後に，out を用いた句動詞で〈拡張〉を表すものがあったのとは反対に，in を用いた句動詞で〈縮小〉を表すものがある。[18]

(17) a.　He bashed in the lid of a box.
　　 b.　This dress needs to be taken in at the waist.

　これは次のように図示できる。〈容器の外から内へ〉という用法（図 3）とは，内へと向かう動きが共通する。

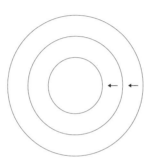

図 4　V-in2：縮小

2.2.　up / down を含む句動詞

　次に up と down を含む句動詞について見てみよう。up と down の基本的意味は，それぞれ上方向への動きと下方向への動きである。[19]

(18) a.　—Going up?
　　　　　—No, going down.
　　 b.　He stands up, looks at me hesitantly, waits for me to

────────────

いの手を入れる」のように同じような発想が見られる。(16d) については日本語では「提出する」のように容器の内から外へ出すと表現し，英語とは逆になる。

[18]　(17a) は RH 大英和，(17b) は OPV より。
[19]　(18b) は ODE より。

finish, and <u>sits down</u>.

(18a) はエレベーターに乗ろうとする人が「上へ行きますか？」と聞いたのに対して，中にいる人が「いいえ，下です」と答える場面である。

　本を積み重ねていくと上へと伸びていき，コップに水を足していくと，水面が上昇する。こうした経験から数量が増えることと上方向，数量が減ることと下方向が関連づけられる (Lakoff and Johnson (1980: 15-16))。次の例はそれぞれ「物価」「音量」「速度」という抽象的な数量の増減を表している。[20]

(19)　a.　Prices <u>went up</u>/<u>down</u>.
　　　b.　Could you <u>turn</u> the sound <u>up</u>/<u>down</u>?
　　　c.　<u>Slow down</u>—you're driving too fast.[21]
　　　d.　'<u>Speed up</u>!' he said, moving ahead of her.

　この抽象的な数量が「活動量」だとすると，上方向への動きが活動，下方向への動きが不活動を表すことがある。[22]

(20)　a.　<u>Turn up</u> the lights—<u>Turn</u> them <u>down</u>.
　　　b.　Things <u>livened up</u> and <u>quieted down</u>.
　　　c.　The computer <u>is up</u>; God forbid it should <u>go down</u>.

　このように活動が増していくとやがては上限に達することから，up を使った句動詞には次のように「最後まで〜する，ちゃんと〜

---

[20]　(19b) は OALD，(19c) は LDOCE，(19d) は OPV より。
[21]　The bus <u>slowed up</u> as it approached the junction. (OPV) のように，slow up が slow down と同じような意味で使われる場合がある (Kennedy (1958: 53-54, 97))。この up は後じみる〈完結〉を表す用法で，「最後までちゃんと減速する」の意味を表すため，slow down と類似の意味を表すことになる。
[22]　(20) は Lindner (1982: 318) より。

174

する」という〈完結〉を表すものがある。[23]

(21) a. Eat up! We've got to go out soon.
　　 b. I have to write up my report before the meeting.
　　 c. Could you please clean up the living room?

活動が増すと，そこに注意が向けられやすいことから，上方向と知覚可能性が結びつく。次の (22a, b) では人の，(22c) では証拠の「出現」を表す。[24]

(22) a. Seth showed up, apologizing for being late.
　　 b. Ten people were invited but only five turned up.
　　 c. No new evidence has turned up since you left the United States.

数量のほかに，上下はさまざまな抽象概念と結びつく。いくつか例を挙げることにする。(23) では，上下は気分の善し悪しと結びつき，(24) では，上下は地位や権力と結びつく。[25]

(23) a. He brightened up at their words of encouragement.
　　 b. Rainy days and Mondays always get me down.
(24) a. He was moving up the ladder, and getting management experience.
　　 b. If you don't work harder, you'll be moved down (to the class below).

このほか，病気を下（例：I think I'm coming down with flu. (OALD)）に喩えるなど，一般的に up は良いこと，down は悪いことと結びつきやすい（cf. Things are looking up—I've got a new

---

[23] (21a) は OALD，(21b, c) は LDOCE より。

[24] (22a) は LDOCE，(22b) は OALD，(22c) は英和活用より。

[25] (23a) は OALD より，(24a) は LDOCE，(24b) は OPV より。

job and a new boyfriend.（Activator））。

　最後に，up と down にはそれぞれ〈拡大〉，〈縮小〉を表す句動詞がある。[26]

(25)　a.　He blew up the photograph / scaled up the map.
　　　b.　He scaled down / shrank down the photo.

up が〈拡大〉を表すのは，下図のように大きくなることと上方向へ伸長することが相関するからである。

図 5　V-up1：拡大

　一方，down が〈縮小〉を表すのは，下図のように小さくなることと下方向へ進むことが相関するためである。

図 6　V-down：縮小

　ところで，up を用いた句動詞には〈縮小〉を表すものがある。[27]

(26)　a.　Can you move up a bit?
　　　b.　I wish you kids would fold up your clothes!

---

[26]　(25) は Lindner (1982: 317) より。
[27]　(26a) は OALD，(26b) は LDOCE より。

176

(26a) は「席をつめる」, (26b) は「服をたたむ」のように縮小を表す。これは次のように説明できるかもしれない。上に行くということは, 次の図のように上限との距離がだんだん縮まっていく。このことから, up は〈縮小〉の意味とも結びつくと考えられる。

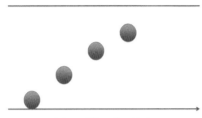

図 7　V-up2：縮小

2.3.　on/off を含む句動詞

最後に on/off を含む句動詞を簡単にみておこう。前章でみたように on は〈接触〉を表す。その反義語が off であり,〈分離〉を表す。[28]

(27) a.　Several passengers got on at the next stop.
　　 b.　I'll get off at the next stop.
(28) a.　I didn't know you were in the room until I turned the light on.
　　 b.　We turned off the lights to keep the mosquitoes away.

(27) では get on/off が自動詞として使われ, get on の場合は,(バスなどの) 乗り物に接触する＝乗る, get off の場合は, 乗り物から離れる＝降りる, を表す。(28) は turn on/off が他動詞として使われ, 電気の回路が接触し明かりがつくことと, 接触をはずして明かりを消すことを表す。

---

[28]　(27a) は英和活用,(27b) は LDOCE,(28) は OPV より。

このように on, off を含む句動詞は，それぞれ〈接触〉，〈分離〉の意味を含む。いくつかよく使われる句動詞をみておこう。take off は「脱ぐ」「離陸する」「休みを取る」の意味で用いられる。[29]

(29) a. Charlie was taking off his shirt when the phone rang.
  b. The plane took off an hour late.
  c. You've been overworking—why don't you take a week off?

「脱ぐ」は身体から衣服を離すこと，「離陸する」は機体が滑走路から離れること，「休暇をとる」は休みの日を仕事をする日から離すことなので，off が使われているわけである。

「脱ぐ」の反対が put on（着る）である。これも「着る」とは衣服を身体に接触させることであることから納得がいく。ちなみに，put off は「延期する」の意味で，Never put off till tomorrow what you can do today. ということわざが有名である。これも「離れた場所（off）に置いておく（put）」ことから「延期する」の意味がでてくるわけである。さらに，on には〈継続〉を表す句動詞がいくつかある。[30]

(30) a. The noise goes on 24 hours a day.
  b. You just have to keep on trying.
  c. She died over 40 years ago but her memory lives on.

これらも接触した状態で進む，接触した状態を保つことから〈継続〉の意味がでてくる。

最後に，sponge on one's relatives と sponge off one's relatives（O 英和）はともに「身内にたかる」の意味になる。on を使った場合は身内に接触（密着）する様子，off を使った場合は身内から金

---

[29] (29a, c) は LDOCE，(29b) は OALD より。
[30] (30) は LDOCE より。

銭を剥ぎとる様子がイメージできるから，結果として類似した意味を表すことになるわけである。

3. まとめ

　以上，out／in，up／down，on／off を含む句動詞の意味用法を見てきた。これを通してわかることは，句動詞の意味は決してでたらめなものではなく，使われる前置詞の基本的な意味から動機づけることが可能であるという点である。この観点から冒頭（3）で見た問題を振り返ってみよう。まず，(3b) の turn in（提出する）と turn out（判明する）は，句動詞としては反義にはなっていないが，turn in は「（教師の）領域に入れる」，turn out は「容器の中に隠れていたものが外に出てきて，見える＝わかるようになる」という点で in と out 自体の反義語としての意味が生きている。(3c) の fill in と fill out についても，fill in が「情報を中に入れる」，fill out が「情報を中に入れた結果，外側へふくらむ」(cf. (8a)) ということからともに「記入する」の意味になっており，反義語としての in と out の意味が生きている (Lee (1991: 34))。(sketch the main points in, sketch the main points out も同様である。) (3d) の out が「見えるようになる」と「消える」という一見反対の意味を表すようになるのも，容器の中にあったものが外に出てきて見えるようになる場合と，容器としての視界から出ていくことで消える場合であり，〈内から外へ〉という out の意味は保持されている。

〈基本文献〉
嶋田裕司（1985）『新英文法選書　第 5 巻　句動詞』大修館書店
田中茂範 （2017）『改訂新版　英語のパワー基本語［前置詞・句動詞編］』コスモピア
クリストファー・バーナード（2013）『句動詞の底力』プレイス
クリストファー・バーナード（2019）『続・句動詞の底力』プレイス

第13章　談話標識

　第1章で見たように，文法とは，「思い」(＝意味)を表すために，小さな単位を組み合わせ，大きな単位を作り上げる仕組みのことである。これには，形態素と形態素を組み合わせて語を作る，語と語を組み合わせて句や文を作ることのほかに，文と文を組み合わせて談話・テクストを作り上げることも含まれる。次の例を見てみよう。

(1)　A:　Mary has gone home.
　　　B:　She was sick.

「メアリーが帰宅した」という A の発話に対して B はどのようなつもりで「彼女は病気だった」と言ったのだろうか？　いろいろ解釈の可能性があるはずだが，(1) では B は自分の発話がどのように解釈されるかを聞き手である A に委ねている。
　これに対して，次の会話を見てみよう。[1]

---

[1] (2) は Fraser (1996: 186) より。

(2) A: Mary has gone home.

    B: a) After all, she was sick.

       b) Thus, she was sick.

       c) Moreover, she was sick.

       d) However, she was sick.

今度は，After all, Thus, Moreover, However を文頭につけることによって，B は自分の発話がどのように解釈されるべきかをあらかじめ聞き手である A に示している。B は，たとえば，a) では，「彼女は病気だったからね」とメアリーが帰宅したことを正当化し，b) では，「ということは彼女は病気だったんだ」と A の発話から推論しているわけである。

　このように，それを含む発話が，先行する発話に対してどのように解釈されるべきかについて聞き手に指令を与える表現を「談話標識」（ディスコース・マーカー）という。本章では，代表的な談話標識として in fact, actually, after all の三つを取り上げ，その使い方について考える。

1.　in fact

　in fact は，元々は「事実において」という文字通りの意味で使われていた。今でもこの意味で使われることがある。[2]

---

  [2] (3) は RH 大英和より。次の実例では in fact が文字通りの意味で使われており，あとで出てくる in reality と同じような意味を表している。

    (i) The imperial family, though retaining great prestige because of its past political role and its continuing position as leader in the Shinto cults, became in fact simply one among these central economic and political units. It exercised a theoretical rule over a shadow government, but in reality it controlled only its own estates and lived on the income from them, and not from government taxes. (Edwin O. Reischauer (1946), *Japan: Past and Present*, Alfred A Knopf, pp. 41–42)

(3)　He is an anarchist in fact if not in profession.

in profession「公言して」と対比され，in fact は「事実上は」とい
う意味で用いられている。

　in fact は，この文字通りの意味から，談話標識としての用法を
主に二つ発達させている。[3] 一つは，「(〜ではなく，) 本当は … だ」
という〈逆説〉を表す用法で，しばしば but と共起する。[4]「事実」
とは実際に起きたことであり，実際に起きたことは真実，本当のこ
とであるとのことからこの用法が生じたと考えられる。

(4)　a.　It looks as if it's made of wood but in fact it's plastic.
　　　b.　I always thought that rugby was a rougher game than
　　　　　football, but in fact it's the other way round.
　　　c.　They told me it would be cheap but in fact it cost me
　　　　　nearly $500.
　　　d.　'Is Mary home yet?'　'No.　In fact I'm going to the
　　　　　hospital this afternoon to see her.'
　　　e.　The picture often painted of the Japanese today is of
　　　　　a people who are so obsessively devoted to work that
　　　　　they think of nothing else.　In fact, probably no other
　　　　　nation gives so much attention to play.

(4a) では It looks as if … とあることからわかるように，見かけ
は木製だが，実はプラスチック製であると述べている。(4b) は「自
分の思い込みとは異なり，実は …」，(4c) は「彼らの言っていた
こととは異なり，本当は …」を表す。(4a–c) とは異なり，(4d)
では in fact の前に but がない。聞き手の Is Mary home yet? とい

---

[3] in fact の歴史的発達については，Traugott (1999), Schwenter and Traugott (2000) を参照。
[4] (4a, d) は英英活用，(4b, c) は LDOCE より。(4e) は Donald Keene (1983) *The Distinctiveness of the Japanese*, Asahi Press, p. 64 より。

182

う疑問文に含まれている「メアリーは帰宅しているかもしれない」という予期に反して，実はメアリーは家にはおらず，まだ入院していることを表している。(4e) も but がついていないが，In fact は前文の内容と逆のことを述べている。

　談話標識としての in fact の二つ目は，自分が直前に述べたことを強調・補強し，「〜どころか，実は … だ」という意味を表す用法である。[5] (4) では「(〜ではなく,) 本当は … だ」という真偽に焦点をあてた言い方だったが，この用法では「〜という言い方では足りない。… と言わなければならない」を意味する。すなわち，「これから述べることを今まで述べたことを強めたものとして解釈しなさい」という指令を表す。[6]

(5) a. Miguel Carrillo was nervous. In fact, Miguel Carillo was *very* nervous.

b. None of the students really liked the new teacher. In fact, if the truth be told, everyone was rather afraid of him.

c. It was cold. In fact, it was freezing.

d. The performance was excellent. In fact, it was probably the best I've seen.

(5a) では，前文と同じ形容詞 nervous が very を伴って繰り返されるという形で，最も単純に強調・補強が示されている。(5b) では学生が新任教員を好きでないどころか，恐れていることが表されている。in fact の文字通りの意味と類似した if the truth be told という表現が直後に使われているということは，in fact が文字通

---

[5] この用法のほうが一つ目の用法より頻度が高いとされる（Aijmer (2013: 90) を参照）。

[6] (5a) は Sidney Sheldon, *The Sands of Time*, Ch. 10, (5b, c) は OID, (5d) は Activator より。

りの意味をほとんど失い，強調を表す談話標識として機能していることを示唆する。同様に，(5c) では cold どころか freezing である，(5d) では excellent どころか probably the best I've seen であると自分の直前の言い回しを強めている。

　実例をいくつか見ておこう。[7]

(6) A few days before Tony's vacation ended, Kate telephoned the company manager in Johannesburg. "How is Tony getting along?"

　　"Oh, he's having a great time, Mrs. Blackwell. In fact, this morning he asked if he couldn't stay on a little longer."

(7) You don't have to worry, Snoopy.
I'd never sell you. You and I are friends. We're buddies. In fact, you're the best thing that's ever happened to me.

(8) 'You knew your brother-in-law well?'
'Yes, but not like I knew Caro. It seems to me quite fantastic that Amyas should have killed himself—but I suppose he *could* have done so. In fact, he *must* have done so.'

(9) The stress pattern in English words is evidently quite complicated. In fact, it's an awful business trying to learn it. Ask any foreigner.

　(6) は前言の内容を強めていて，トニーが滞在を楽しんでいるどころか，延期したいとまで言っていると述べられている。(7), (8),

[7] (6) は Sidney Sheldon, *Master of the Game*, Ch. 17, (7) は Charles Schulz, *Peanuts*, 12/7/90, (8) は Agatha Christie, *Five Little Pigs*, Ch. 10, (9) は David Crystal (1984), *Who Cares About English Usage*? Penguin Books, p. 85 より。

（9）ではことば遣いが強まっている。（7）はチャーリー・ブラウンがスヌーピーに向かって言っていることばで，friends < buddies < the best thing that's ever happened to me という順に親しさを表す言い回しが強まっている。（8）では義兄が自殺したことがあり得ると言ってから，自殺したにちがいないとなっており，could < must と言い回しが強められている。（9）では英語の強勢パタンについて quite complicated どころか，外国人が習得するのは awful business だと強めて言っている。

2. actually

actually は，in fact と似て，文字通りは「現実に」の意味を表す。次の例では「現実に起きたこと」というように文字通りの意味で actually が使われている。[8]

(10) Her version of events is subtly different from what actually happened.

ここから，現実との対比を表す使い方が生まれる。[9]

(11) a. Your guess was way out, he's actually thirty-eight.
b. The shirt feels really silky, but it's actually nylon.

(11a, b) はそれぞれ「推測」「手触り」と現実との対比を表している。この用法に関する限り，actually は in fact と類似している。

actually に特徴的な使い方として，対話において聞き手の予期に反する現実について述べる際の合図としての用法がある。すなわち，「これから述べることをあなたの予期に反することとして解釈しなさい」という指令として機能する使い方である。これは同時に

---

[8] (10) は OALD より。

[9] (11a) は LDOCE，(11b) は英英活用より。

「あなたの予期に反することをこれから述べますよ，心の準備をしてくださいね」というように，相手への配慮の合図として機能し，自分の発話を和らげる効果がある。[10]

> (12)　A:　Where did Tom go?
> 　　　 B:　<u>Actually</u>, {he is still here / I don't know}.

この対話において，A は「トムはどこかへ行ったはず。B はその答えを知っているにちがいない」という予期のもと，その場所をB に尋ねている。B の "he is still here" や "I don't know" という発話はその予期に反する答えである。そのため，B は Actually と前置きすることによって自分の発話を和らげている。この用法の延長として相手の発話内容を訂正する使い方がある。[11]

> (13)　A:　"Here's the $10 I owe you."
> 　　　 B:　"<u>Actually</u>, you owe me 20."

ここでは，借金の額について相手が 10 ドルと言ったのに対して，20 ドルであると訂正しているが，Actually をつけることによって柔らかに訂正することとなる。

3.　after all

after all は文字通りには「すべてのあとで」を意味する。[12] after

---

[10]　(12) は Schourup and Wada (1988: 139-140) より。

[11]　(13) は Activator より。

[12]　Schourup and Wada (1988: 22) は，after all が文字通り使われている例として

　　(i)　He may be a bit strange, but <u>after all</u> we like him just the way he is.

を挙げている。「すべてを考慮に入れた後でもありのままの彼のことが好きだ」というわけである。ただし，この意味での after all を "many modern day speakers will not find it acceptable" (p. 22) だとしている。

all には主に二つの用法がある。一つは,「すべてのあとで」から,「いろいろあって結局のところ～になる」という当初の計画・予定・期待とは反対の結果が生じたことを表す使い方である。この用法では,after all はふつう文末に生じる。[13]

(14) a. 'Do you want a cigarette?'
'No, thanks, I've given up. Oh, what the hell! Yes, I will have one, after all.'

b. I've changed my mind about the Riviera. I do like it after all.

c. There's been a change of plan—we're not going to Ibiza after all.

(14a) では,たばこを勧められ,いったんは断りながらも,結局は勧めに応じるという反対の結果となったことを after all が表している。(14b),(14c) では最初の見解や予定に変更があり,反対の結果となったことが change という語で示されている。

　after all の2番目の用法として,「すべてのあとで」から「なんだかんだ言って～だからね」のように理由を表し,自分が述べた前文を説明,正当化する使い方がある。この用法では,after all は文頭に生じるのが普通である。[14]

(15) a. Can't I stay up late tonight? After all, there's no school tomorrow!

b. You really should tell someone how you feel. After all, a trouble shared is a trouble halved.

(15a) では夜更かしの許可を求める理由として,翌日学校が休みであることを挙げ,(15b) では悩みを一人で抱え込まないでいるべ

---

[13] (14a) は OID,(14b) は Activator,(14c) は LDOCE より。

[14] (15) は OID より。

きだとする理由として，「悩みは打ち明ければ半減する」という旨
のことわざを挙げている。自分の前言を正当化するには，誰もが納
得できるような根拠を挙げるのがよいので，After all のあとには
ことわざの類がくることがよくある。

4.　まとめ

　本章では，それを含む発話が，先行する発話に対してどのように
解釈されるべきかについて聞き手に指令を与える表現である談話標
識について考察した。本章で取り上げた in fact, actually, after
all のほかにも Well, Anyway, By the way, You know, I mean
など話し手はさまざまな談話標識を用いて，先行談話，聞き手の意
識状態，聞き手との人間関係を考慮に入れながら，談話を紡いでい
くのである。

〈基本文献〉

Lawrence Schourup・和井由紀子（1988）*English Connectives.* く
　　ろしお出版
松尾文子・廣瀬浩三・西川眞由美（編著）（2015）『英語談話標識用
　　法辞典』研究社
内田聖二（2009）『英語談話表現辞典』二省堂

第 14 章　情報構造

　前章で談話標識の選択が，話し手が先行文脈や聞き手の意識状態（予期，前提など）を考慮に入れてなされていることを見た。第 3 章でも，話者は，先行文脈・状況・聞き手の知識に注意を払いながら冠詞を選択していることを見たが，そこで挙げた例を二つ再掲する。

(1)　I have a dog and a cat, and the dog is ill.

(2)　What's all the noise?

(1) では，話し手は dog に不定冠詞 a をつけることで「犬」を談話および聞き手の意識の中に導入し，次に「犬」と言えば，こうして導入された私の飼い犬のことだとわかってくれるはずだと想定し，定冠詞をつけて the dog と表現している。(2) では，noise はそれまで談話に導入されていないが，発話場面において何を指すか聞き手に明らかだろうと話し手は想定して定冠詞をつけ，the noise としている。

　このように話し手は，先行文脈，発話場面，さらには（聞き手と共有する）一般知識をも考慮に入れて，談話の進行とともに，どのような情報が聞き手にとって既知／未知なのかといった聞き手の知識状態を刻々とモニターしながら談話を紡いでいく。これは談話標

識や冠詞といった特定の語の選択だけでなく，さまざまな文の形式
の選択にも関与する。たとえば，次の文はいずれも類似した意味を
表すが，話し手は聞き手の情報に関する知識状態に応じてこれらを
使い分ける。[1]

(3) a. John gave Bill the book.
　　b. Bill was given the book by John.
　　c. The book was given to Bill by John.
　　d. It was John who gave Bill the book.
　　e. It was the book that John gave to Bill.
　　f. The book, John gave to Bill.

　本章では，情報の性質がどのように文法に関係しているかを考察
する。

1.　旧情報から新情報へ

　次の例文を見てみよう。[2] 時間を表す表現 the day after tomorrow
が (4a) では文末，(4b) では文頭に生じている。

(4) a. I hope to return home the day after tomorrow.
　　b. The day after tomorrow I hope to return home.

どちらも文法的な文であるが，これらがどのような文脈で使われる
かを考慮に入れると，違いが生じる。
　(4a, b) が (5a, b) の答えとして用いられるものとしよう。

(5) a. When will you return home?
　　b. What will you do the day after tomorrow?

[1] (3) は Cruse (2011: 388) より。
[2] (4), (5) は Creider (1979: 7-8) より。

190

(4a) は (5a) に対する答えとして，(4b) は (5b) に対する答えとして用いられるのが自然である。(5a) は聞き手がいつ帰宅するかを聞いており，その「いつ」が話し手にとって未知の知りたい情報である。(4a) はその情報を文末に置いて答えている。一方，(5b) は聞き手が明後日何をするかを聞いており，その「何をするか」が話し手にとって未知の知りたい情報である。(4b) はその情報を文末に置いて答えている。

ここで情報を次の二つに分類することにする。[3]

(6)　旧情報：　発話時点で聞き手の意識の中にすでにある，と話し手が想定している情報

　　　新情報：　発話によって聞き手に新しく与えられる，と話し手が想定している情報

そうすると，(5) に対する答えとしての (4) では次のように情報が配置されていることがわかる。

(7) a.　—When will you return home?
　　　　—I hope to return home the day after tomorrow.
　　　　　　　　旧情報　　　　　　　　　新情報
　　b.　—What will you do the day after tomorrow?
　　　　—The day after tomorrow I hope to return home.
　　　　　　　　旧情報　　　　　　　　　新情報

このような文における情報の配置のことを「情報構造」と呼ぶ。上の考察から，情報構造に関して次の原則を導くことができる。

(8)　英語の談話では，旧情報より新情報を文末のほうへ配置

---

[3] 新情報／旧情報を，(i) 先行文脈において言及されたかどうか，(ii) 話者の知識の中にあるかどうか，の観点からそれぞれさらに二分し，情報のタイプを全部で四つに分類することによってさまざまな現象が説明できると主張する立場 (Birner and Ward (1998)) もあるが，本章ではその区別をせず，説明していく。

するのが自然である。

この原則は，文型の選択にも関与する。次の例文を見てみよう。[4]

(9)　A1:　Do we have any more wine?

　　　B1:　No, I'm afraid there's nothing left.

　　　A2:　But we had that last bottle of Merlot!

　　　B2: a.　*Yes, but I gave John that last one.

　　　　　 b.　 Yes, but I gave that last one to John.

動詞 give は，目的語を二つとることも（SVOO），一つだけとることも（SVO to O）可能なので，B2 の二つの文は単独ではともに文法的である。しかし，(9) の文脈の中では，B2 は二重目的語をとった (a) ではなく，(b) のほうを選択するのが自然である。

ところが，文脈を (10) のように変えると，今度は B2 において二重目的語をとった (a) のほうが選択され，(b) は容認されない。

(10)　A1:　Do we have any more wine?

　　　 B1:　No, I'm afraid there's nothing left.

　　　 A2:　But it's John's birthday and I need to bring something!

　　　 B2: a.　Yes, well, you could give John some chocolates.

　　　　　　b.　*Yes, well, you could give some chocolates to John.

このことは，文型の選択（SVOO か SVO to O か）には，文脈が関与していることを示す。[5] では，(9) と (10) ではどのような文脈の違いがあるのだろうか？　(9) では，B2 の発話の前までは，

---

　[4]　(9), (10) は Hilpert (2014: 188) より。

　[5]　この二つの文型の選択には情報構造以外の要因も関係する。Goldberg (1995) を参照。

残っていたはずの最後のワインのボトルが話題となっていて，B2
はそれをジョンにあげたと言っている。これに対して，(10) では
ジョンの誕生日に何をあげるかが話題となっていて，B2 はチョコ
レートをあげることを提案している。すなわち，B2 の発話によっ
て，A は (9) ではワインをあげた相手がジョンであること，(10)
ではジョンにプレゼントしたらよいものがチョコレートであること
を知らされる。この新しくもたらされる情報，すなわち，新情報が
いずれの B2 の発話においても文末に置かれた方が自然であること
がわかる。(9) の B2 を例にとると，情報の並びは次のようになる。

(9′) a. *I gave John that last one.
            新情報   旧情報

b.   I gave that last one to John.
            旧情報   新情報

(9′b) のほうが容認されることから，(8) の原則がここでも働いて
いることがわかる。

同じく，二重目的語をとる send を使った次の例を見てみよう。

(11) a. John sent her a book.
b. *John sent Mary it.

(11a) では二つの目的語の並びが her → a book となっている。her
は代名詞のため，先行文脈においてすでに登場した人物を指すの
で，当然聞き手の意識の中にあると想定され，旧情報を表す。これ
に対して，a book は不定冠詞 a がついていることから初めて談話
に導入する要素，すなわち，新情報であることがわかる。よって，
(11a) は，旧情報 → 新情報という配列になっているので，容認さ
れる。一方，(11b) では，Mary → it という目的語の並びになって
いる。話し手が代名詞を使わずに Mary と言っているということ
は，Mary は聞き手の意識の中にないと想定しているということな
ので，Mary は新情報を表す。これに対して，it は代名詞なので旧

情報を表す。よって，(11b) では新情報 → 旧情報の並びになっており，自然な情報の流れの原則 (8) に反しているため，容認されない。

　次に，第12章で取り上げた句動詞を含む例を見ておこう。句動詞 wear out は下のように目的語を wear と out の間にも，out の直後にも置くことができる。[6]

　(12)　a.　He wore out the valve.
　　　　b.　He wore the valve out.

しかし，この二つは文脈によって使いわけられる。

　(13)　A:　What did he wear out?
　　　　B:　He wore out the valve.　(= (12a))
　(14)　A:　And then what happened? (e.g., in a story about a valve)
　　　　B:　He wore the valve out.　(= (12b))

(13) の文脈では，A は彼が何をすり減らしたかを知りたがっていて，B はそれがバルブであることを知らせている。この文脈では，新情報を表す valve が文末にくる (12a) がふさわしいことになる。一方，(14) の文脈ではバルブが話題になっていて，それがどうなったかを A は知りたがっていて，B は彼がそれをすり減らしたと伝えている。つまり，「彼がすり減らした」というのが A にとっての新情報である。しかし，英語では動詞を文末にもってきて，*He the valve wore out. のように言うことは文法的に不可能なので，句動詞の一部である out だけを文末にもっていき，旧情報の the valve を前に出して (12b) のようにすることで，「旧から新へ」という (8) の原則を維持しているわけである。

---

　[6] (13), (14) は Creider (1979: 8) より。(12) のような交替には情報構造以外の要因も関与しているとされる。Lohse, Hawkins and Wasow (2004) を参照．

194

このように，句動詞の目的語は文末にくる場合には新情報を表すのがふつうなので，旧情報を表す代名詞 it は次のように句動詞の後ろではなく，間にはさむことになるわけである。

(15) a. *John wore out it.
　　 b. 　John wore it out.

2. 倒置文

これまで見てきた例は，一つの要素（たとえば，(4) では the day after tomorrow，(12) では the valve）が文中のどこに置かれるかが問題であった。これに対して，次のペアのそれぞれ二つ目の文を比較してみよう。[7]

(16) a. Charlene owns an amazing fish tank. <u>Seven enormous piranha</u> live <u>in the fish tank</u>.
　　 b. Charlene owns an amazing fish tank. <u>In the fish tank</u> live <u>seven enormous piranha</u>.

二つ目の文は，(16a) では基本語順になっているが，(16b) では，(16a) において主語であった seven enormous piranha が動詞 live の後ろに移り，(16a) において動詞 live の後ろにあった場所表現 in the fish tank が文頭に移っていて，非基本的な語順になっている。このような二つの要素の位置を入れ換える文のことを「倒置文」という。そもそもなぜ倒置というようなことを英語は行うのだろうか？

ところで，倒置はいつでもできるわけではない。

---

[7] (16)，(17) は Birner (2018: 129-130) より。

(17) a. Charlene owns an amazing fish tank. <u>In the fish tank</u> live <u>seven enormous piranha</u>.　(= (16b))

　　 b. Charlene owns seven enormous piranha. *<u>In an amazing fish tank</u> live <u>the piranha</u>.

(17a) と (17b) では先行文脈が異なり，倒置は (17a) の文脈ではできるが，(17b) の文脈ではできない。このことは，倒置できるかどうかに情報構造が関与していることを示唆する。

　では，(17a, b) の違いはどこにあるだろうか？ (17a) では第 1 文で amazing fish tank が新情報として不定冠詞をつけて導入されている。第 1 文で導入されたため，第 2 文ではこの amazing fish tank を旧情報として扱って the をつけ，この水槽の中に何が入っていたかというと 7 匹の巨大なピラニアだったということで，seven enormous piranha を新情報として動詞の後ろに導入している。まとめると，次のようになる。

(17a′)　Charlene owns <u>an amazing fish tank</u>.
　　　　　　　　　　　　　　　新情報

　　　<u>In the fish tank</u> live <u>seven enormous piranha</u>.
　　　　　旧情報　　　　　　　　　　新情報

　第 2 文は，旧情報 → 新情報という配置になっていて，情報構造に関する (8) の原則に合致している。

　一方，(17b) では，第 1 文で seven enormous piranha が新情報として導入されている。第 1 文で導入されたため，第 2 文では，ピラニアは旧情報として扱われ，定冠詞をつけられる。第 2 文では，この the piranha が主語として動詞の後ろに置かれるのに対して，初めて談話に導入される新情報の水槽が不定冠詞を伴い，In an amazing tank として動詞の前に来ている。まとめると，次のようになる。

(17b′)　Charlene owns <u>seven enormous piranha</u>.
　　　　　　　　　　　　　　　　新情報

<u>*In an amazing fish tank</u> live <u>the piranha</u>.
　　　　　　新情報　　　　　　　　　旧情報

　第2文は，新情報 → 旧情報という配置になっていて，情報構造に関する (8) の原則に違反するため，(17b) は不適格な談話となると説明できる。

　このことから，倒置文は情報構造の原則 (8) を満たすために存在することがわかる。[8] 倒置文の実例をいくつか見ておこう。まず，次の例を見られたい。[9]

(18)　He reached into his pocket and pulled out a jewel box.
　　　"I brought something for you from Greece."
　　　　"Oh, George …"
　　　　"Open it, Alex."
　　　<u>Inside the box</u> was <u>an exquisite diamond necklace</u>.

　ここでは，1 行目で宝石箱が不定冠詞を伴い，a jewel box として談話に導入される。宝石箱はすでに導入され，旧情報となっているので，4 行目では代名詞 it で指示される。5 行目が倒置文で，旧情報の宝石箱が定冠詞を伴って文頭に置かれ，宝石箱の中に何が入っていたかというと素晴らしいダイアモンドのネックレスだったことが示される。ダイアモンドのネックレスはここで初めて談話に導入されるので新情報であり，不定冠詞を伴っている。この例では，冠詞を見るだけでわかるように，旧情報 → 新情報の配置になっている。これが倒置文の最も典型的なパタンである。

---

　[8]　より包括的な記述として，Birner and Ward (1998: Ch. 4)，久野・高見 (2007: 第 9 章，2013a: 第 8-9 章) を参照。
　[9]　(18) は Sidney Sheldon, *Master of the Game*, Ch. 29 より。

　今度は次を見てみよう。[10] 交通事故で重傷を負った患者が運び込まれた緊急救命室 1 (ER One) に医師 (Paige) が入ってくる場面である。

(19)　　"We have an emergency in ER One, doctor.　I don't think he's going to make it."

　　　　Paige sat up on the cot.　"Right.　I'm coming."

（中略）

　　　　A minute later, she was walking into ER One.　<u>In the middle of the room</u>, on the examining table, was <u>the blood-covered patient.</u>

最後の倒置文で，文頭の In the middle of the room の the room は ER One を指しており，旧情報であるため定冠詞を伴っている。一方，文末の the blood-covered patient は負傷者を指し，2 行目の he と同一人物を指す旧情報であるため，定冠詞を伴っている。このため，この倒置文では，旧情報 → 旧情報という並びになっている。それにもかかわらず，この文が可能なのはなぜだろうか？

　ER One はこの倒置文の直前の文 (A minute later, she was walking into ER One) において 1 行目に続き言及されているのに対して，負傷者のほうは 2 行目で he として言及されただけである。直前で言及されたもののほうが，しばらく前に言及されたものよりも聞き手／読者の記憶に残りやすく，旧情報として扱われやすい。すなわち，「緊急救命室」も「負傷者」もともに先行文脈で導入されているという点では旧情報だが，旧情報の度合いに差があり，前者のほうが後者よりも旧情報度が高い。逆に言うと，後者の方が前者よりも新情報度が高い。こう考えると，(19) の倒置文も (8) の原則に従っていると考えることができる (cf. Birner and Ward (1998: 169-172))。

---

[10] (19) は Sidney Sheldon, *Nothing Lasts Forever*, Ch. 14 より。

3.　受身文

第 10 章で，能動文が「動作の主体が何をしたか」を表すのに対して，受身文は「動作の対象がどうなったか」を表すことを見た。[11] たとえば，次の例では，コートがビリビリになっていることが表されている。

(20)　What's happened to your coat?　It's all ripped.

能動文に対応する受身文が可能かどうかについて第 10 章で見たが，能動文と受身文が両方可能な場合に，どちらが用いられるかには情報構造がかかわる。次の例を見てみよう。[12]

(21)　a.　John did the artwork.

　　　b.　The artwork was done by John.

(22)　a.　What did John do?

　　　b.　Who was the artwork done by?

(21a) は能動文，(21b) は受身文である。受身文では，能動文の目的語が主語の位置へ，能動文の主語が by 句へと移るので，倒置文と同様に，二つの要素が関与している。

能動文と受身文は，誰が何をしたかについては同じ意味を表すが，文脈によって一方が用いられ，他方が用いられないということが起こる。(22) の答えとして (21) が用いられるとしよう。その場合，(22a) の答えとしては (21a)，(22b) の答えとしては (21b) がふさわしい。つまり，(21a, b) は次のような情報構造をしているため，(8) の原則に合致している。

---

[11]　(20) は LDOCE より。

[12]　(21), (22) は Creider (1979: 6) より。

(21′) a.　John did the artwork.
　　　　　旧情報　　新情報
　　 b.　The artwork was done by John.
　　　　　旧情報　　　　　　新情報

　このことから，能動文／受身文の選択には情報構造が関与していることがわかる。とりわけ注目されるのは，(21b′) が示すように，受身文の by 句は新情報を表すという点である。英語の授業で能動文を受身文に書き換える練習をしたとき，(21) のペアのように，by 句を必ずつけて書き換えた人が多いことだろう。しかし，受身文には (20) のように by 句がないものが実際には多い (Biber et al. (1999: 937-943))。by 句は文末に置かれるので，新情報を表さない限りは，表現されないのがふつうなのである。

　このことが最もよくわかるのが，テレビのニュース番組でキャスターがゲストコメンテーターを紹介する際によく用いる次のような表現である。

(23)　I'm joined by Chris Ford, Assistant Secretary of International Security and Nonproliferation at the State Department.　　　　　　　　　　　　　　(PBS NewsHour, 3/11/2020)

視聴者はキャスターの隣にゲストが座っていることは見てわかるので，この文の新情報は実質的に文末の by 句の部分だけであり，by 句によってゲスト紹介を行っているわけである。

　今度は次の実例を見てみよう。先ほど見た (19) の直後の部分で，緊急救命室に到着した医師と看護師の会話である。

(24)　　"What do we have here?" Paige asked.
　　　　　"Motorcycle accident.　He was hit by a bus.　He wasn't wearing a helmet."

(21b) では by 句だけが新情報を表していたが，ここでは，受身文

の主語以外の部分が新情報を担っている。by 句に生じる bus も不定冠詞がついていることからわかるように新情報を表している。

(24′) <u>He</u>　　<u>was hit by a bus.</u>
　　　　旧情報　　新情報

では，次の例はどうだろうか？[13]

(25) Eve did not care whether this man had money or not.
　　　<u>She was fascinated by him.</u> It was more than his looks.
　　　There was a magnetism, a sense of power that excited
　　　her. No man had ever affected her this way before.

下線を引いた受身文では，主語 She は Eve を指し，by の後の him は this man を指す代名詞であるので，ともに旧情報を表すと言える。ただ，前文で主語が Eve になっており，この引用箇所全体で Eve が主題となっていることから，Eve のほうが this man よりも聞き手／読者にとってなじみが深く，意識の中心にあるという点で旧情報の度合いが高いと言える。その点でこれも（8）の原則を満たしている。

　受身文で許容されないのが，次のような場合である。[14]

(26) a. ?A cat was chased by the dog.
　　　 b. ?A tie was bought by me.

これらの文では主語は不定冠詞がついていることからわかるように新情報を表すのに対して，by 句にでてくる名詞は（26a）では定冠詞がついていることから，（26b）では話し手自身を表すため，旧情報を表す。これだと，（8）の原則に反するため，これらの文は容認

---

[13] (25) は Sidney Sheldon, *Master of the Game*, Ch. 26 より。
[14] (26a) は Ransom (1977: 419)，(26b) は Huddleston and Pullum (2005: 242) より。

されないことになる。

4.　まとめ

　本章では，情報構造が文法において果たす役割を考察した。英語においては，旧情報が文頭，新情報が文末のほうへ位置するのが原則であることを確認した上，倒置文，受身文のような非基本的な文は，この原則を満たすために生じることを見た。旧情報を文頭のほうに持ってくるということは，それによって先行談話とのつながりを生み出すことにつながる。本章で見た情報構造の仕組みも，前章で見た談話標識と同じように，まとまりのある談話を織り上げていく働きをしていることがわかる。

〈基本文献〉
福地肇（1985）『談話の構造』大修館書店
Betty J. Birner and Gregory Ward（1998）*Information Status and Noncanonical Word Order in English*. John Benjamins, Amsterdam / Philadelphia.

第 15 章　文法の意味

> A description of grammar that pays no heed to meaning is
> as pointless as a dictionary that lists the forms
> without giving their definitions.
> —Ronald W. Langacker[1]

　第 1 章で見たように，文法とは「思い」（＝意味）を表すために
小さな単位を組み合わせて大きな単位を作る仕組みにほかならな
い。たとえば，I love cats. は次のように組み立てられる。

　（1）　cat < cat-s < love cats < I love cats

　文法を構成する要素には，

　　a）　品詞（名詞，動詞，形容詞など）
　　b）　機能語
　　c）　構文
　　d）　文法関係（主語，目的語など）

が含まれる。以下では，この観点から本書で扱った文法事項をいく
つか振り返ることにしよう。

---

[1] Langacker (1990: 313) より。

1.　品詞

　本書では，基本的な品詞（名詞，動詞，形容詞）の意味を考えることはしなかったが，名詞・動詞の下位クラスについては第 2 章と第 4 章で扱った。[2] 名詞の下位クラスとして，可算名詞・不可算名詞は，複数の語尾 -s をとれるかどうか，不定冠詞 a のあとに来れるかどうかという形の問題だけではなく，次のような意味を表していることを見た。

- (2) a.　可算名詞：　特徴的な形をもつモノを表し，〈数える〉
　　　　　対象を表す。
- 　　b.　不可算名詞：　特徴的な形をもたず，内部が均質な物
　　　　　質を表し，〈量る〉対象を表す。

　同様に，動詞の下位クラスの動態動詞・状態動詞の区別も，進行形になれるかどうかという形の違いだけでなく，次のような意味の違いを表していることを見た。

- (3) a.　動態動詞：　時間の経過とともに局面が展開していく，
　　　　　始まりと終わりがある事態（出来事）を表す。
- 　　b.　状態動詞：　始まりと終わりがなく，一定の状態が持
　　　　　続することを表す。

2.　機能語

　語には具体的な意味内容を表す名詞・動詞・形容詞のほかに，冠詞，前置詞，助動詞のように文法的な働きをする「機能語」と呼ば

---

　[2] 名詞・動詞という品詞が表す意味については，Langacker (1990: Ch. 3, 2008: Ch. 4, 2015) を参照。

204

れるものもある。[3] これらも，抽象的とはいえ，意味を表している
と考えられる。第3章と第7章において定冠詞と法助動詞が次の
ような意味を表すことを見た。法助動詞については個々の法助動詞
（may, must, can）が表す意味についても考察した。

(4) 定冠詞： 名詞が指し示しているものが何なのかを聞き手
が特定できるだろうと話し手が想定しているこ
とを表す。

(5) 法助動詞： 描写される事態が非現実の領域に位置づけら
れることを表す。

「語」ではないが，時制もこの機能語に入れてよいだろう。第4
章では現在時制が次の意味を表すことを見た。

(6) 現在時制： 動詞が表す事態が発話時において成立してい
ることを表す。

3. 構文

複合的な表現を生み出すための慣習的な型のことを「構文」と呼
ぶ。第12章でみた句動詞，たとえば「動詞＋out」は，この定義を
満たすので，構文ということになる。もう少し大きな構文として進
行形がある。第4章では進行形が次の意味を表すことを見た。

(7) 進行形： 展開する局面の内部にズームインすることに
よって，動作の始まりと終わりを背景化し，均
質的な局面の持続を表す。

さらに，第5章では現在完了形が次の意味を表すことを見た。

---

[3] 機能語は，Langacker (2008: 22) では「文法マーカー」と呼んでいる。

(9)　現在完了形：　過去に生じた出来事が何らかの点で「現在
　　　　　　　　　　への関連性」をもつことを表す。

　I have broken my leg. という現在完了形の文は、「私が足を骨折
した」という過去の出来事が現在への関連性（たとえば、まだ完治
していない）をもつことを表しているという点で、現在完了形は
「have＋過去分詞」という部分だけでなく、主語・目的語の部分も
含む文レベルの構文と言える。
　同様に、第 10 章で取り上げた受身文も「be＋過去分詞」という
部分を越えて次のような意味を表すことを見た。

(10)　受身文：　動作の主体を注意の焦点からはずし、動作の対
　　　　　　　　象がどうなったかという変化に焦点をあてるこ
　　　　　　　　とを表す。

4.　文法関係

　能動文と受身文を比べて、形式、頻度の点から能動文の方が受身
文よりも基本的であることを第 10 章でみた。能動文は動作の主体
を主語に据えること、私たちは動かないものより動くものに注意を
向ける傾向があることから、主語は私たちの注意を引きつけるもの
を表すと言えそうである。
　さらに、第 14 章で、文頭の位置が旧情報と結びつくのがふつう
であることを見た。通常文頭に生じる主語は、旧情報、すなわち、
すでに話題となっているものを表すことになる。話題になっている
ということは、注意の焦点が当たっているということでもある。
　こうしたことから、「主語」は次の意味を表すと考えられる。

(11)　主語：　事態の中で際立っており、注意の焦点を引くもの
　　　　　　　を表す。

5.　まとめ

　以上見てきたように，文法を構成する要素である品詞，機能語，構文，文法関係はそれぞれ（抽象的とはいえ）意味を担っていると結論づけられる。すなわち，語彙と同様に，文法も意味を表すと言えるわけである。言い換えると，語が形（例：cat, /kæt/）と意味（例：〈ネコ〉）の結びついた記号であるのと同様に，文法も形（例：主語＋have＋過去分詞（＋目的語））と意味（例：(9)）の結びつきであると言える。そうすると，言語は大きさ，抽象度の度合いがさまざまに異なる記号が構造をなして集まったものであるということになる。私たちは，そうした記号をさまざまに利用しながら，思い（＝意味）に形を与え，伝え合いながら生きる存在なのである。文法は，私たちのこうした生き方を可能にする中核的な役割を果たしている。

あ と が き

　日本の英語教育が"読み書き偏重"，"文法偏重"であると批判されるようになって久しい。「偏重」はよくないとしても，読み書き・文法はそんなに悪者扱いされるべきものだろうか？

　外国語の4技能である，読む（リーディング）・書く（ライティング）・聞く（リスニング）・話す（スピーキング）は，二つの軸で分類することができる。一つは，〈受信／発信〉の軸であり，リーディングとリスニングが「受信」，ライティングとスピーキングが「発信」に分類される。もう一つが，〈書きことば／話しことば〉の軸であり，リーディングとライティングが「書きことば」，リスニングとスピーキングが「話しことば」に分類される。まとめると，次の表のようになる。

	書きことば	話しことば
受信	リーディング	リスニング
発信	ライティング	スピーキング

　書きことばと話しことばの大きな違いは，言語活動を行う上での時間的制約の緩急にある。書きことばは，時間的制約が緩く，時間をかけてじっくり考えながら読んだり，納得いくまで推敲しながら書くことができるのに対して，話しことばは，時間的制約がきつく，瞬時に反応しないとコミュニケーションが円滑に進まない。相手が話しているのを途中で何度も止めて聞き返したり，相手の質問に答えるのに5分も10分も沈思黙考するわけにはいかないのである。

　一般論として，時間的制約が緩い中でできないことが，時間的制約がきつい中でできるわけがない。早い話が，読んでわからないも

のが聞いてわかるはずはないし，書けないことが口からすらすら出てくるはずがないのである。（もちろん，これはある程度の年齢を過ぎてからの外国語学習の場合であって，母語の習得においてはその限りではない。）その意味で，外国語学習において，時間的制約の緩いリーディングとライティングにおいてまずは基礎力を養うというのは理にかなっていると言える。一方，このリーディングとライティングの関係は，前者が受信，後者が発信に関わるものであると特徴づけられる。これも，一般論として，受信（インプット）による知識の蓄えなくして発信（アウトプット）はあり得ない。自分の知識にないものをアウトプットとして表現できるはずがないのである。

　こう考えると，上の表で，時間的制約の緩い書きことばと，発信を可能にする受信が交わる「リーディング」こそが外国語学習の上で鍵を握る技能であることがわかる。

　「リーディング」，すなわち，正確に文あるいは文章を読む上で必要となるのが「文法」である。文中の個々の単語の意味がわかっていても，文を構成する仕組みである文法の知識がなくては，正確なリーディングは望めないからである。その意味で，文法は外国語学習の基礎をなすものである。

　それと同時に言えるのが，文法を身につける上で大切なのがリーディングであるということである。それは次のような理由からである。子どもの言語習得を考えればわかるように，ことばは実際の場面において他者と交流することによって身につく。これは外国語の場合でも同じはずであり，ある語や表現が特定の場面と結びついて記憶され，知識を構成することがある。アメリカの大学院に留学したときの個人的な思い出を二つほど記させてもらうことにしよう。

　留学してから数年後に，たまたま同じ大学の別の学部にアメリカ人の従姉が職を得て，赴任して来ることになった。その従姉と学内のカフェで昼食を一緒にする機会があった。子どもの頃会ったことはあったが，大人になってから会うのは初めてだった。よもやま話

をしたあと，会計となり，私が自分の分を出そうとすると，従姉が「ここはぜひ私に払わせて」と言う。その際，I insist! という表現が使われたことが，彼女の口調やその屋外のカフェの前に広がる南カリフォルニアらしい乾いた風景とともに今でも記憶に残っている。insist という動詞を遂行動詞（第4章参照）としてこのように使うことができるのだと初めて知ったからだった。もう一つ例を挙げると，ある学期の始めに知り合いの学部学生に「どの科目を履修するかもう決めた？」と尋ねたところ，I'm deciding. という返答がかえってきたことがあった。日本語の感覚で「まだ決めていない」というようなことを言おうとすると I have not decided yet. くらいになりそうだが，decide を現在進行形で使うのを聞くのは初めてだったので，そのときの学生の顔とともに記憶されている。

　こうした経験は日常的に英語母語話者とかかわる生活をしていない限りなかなか得られないものと思われるかもしれないが，そんなことはない。語や表現の使い方を特定の場面と結びつけて記憶し，理解することは，日々のリーディングにおいても十分可能である。たとえば，自分のお気に入りの小説（映画の台本でもコミックでもよい）の中で実際に冠詞が使われている場面で，文脈や発話場面や登場人物の関係に注意を払い，「ここではこういう理由で定冠詞が使われているんだな」と理詰めに納得しながら冠詞に接することで，単なる知識にすぎなかったものを血肉にすることができるはずである。（本書も含め）教科書や参考書で（文脈のない）例文とともに学習した文法事項が，文脈を伴った実際の文章の中でどのように使われているかを観察することが文法理解の定着につながるのである。このような意味で，文法に注意を払いながら正確に読み，読みながら文法知識を固めていくことこそ，外国語としての英語学習の原点だと考えられる。

　さて，リーディングは，先に述べたように，受信（インプット）にかかわる技能である。インプットとアウトプットは別々に学習する必要はない。英文を読みながら「こういうおもしろい表現があろ

んだ。今度ネイティブと話すときに使ってみよう」「現在完了形は
こういうふうにも使えるんだ。今度メールを書くときに試してみよ
う」のようにアウトプットをつねに念頭におきながらインプットに
励むことによって，インプットとアウトプットは橋渡しされる。こ
れについて，毛利（1987: 212）は「いい英語，なるほどと思うよ
うないいまわしに接したときには，〈自分が表現する立場に立った
らこのようにいえるだろうか〉というように，いつも考えてゆく，
絶えず英語の表現を追求するという心がけが必要なのです」と述べ
ている。こうした心がけなくしてアウトプットの力だけが魔法のよ
うに伸びるということはあり得ないと思う。

　上で述べたような姿勢で本書の文法解説を読者の皆様が血肉とし，活用され，英語力の向上に役立つところが少しでもあれば，著者として望外の幸せである。

　開拓社の川田賢氏には本書の執筆の機会を与えていただいた上，
原稿を辛抱強く待っていただき，感謝の念に堪えない。また，本文
中の作例の容認性判断に協力してくださった Randy Evans 先生，
Haley Sheehan さん，イラストを描いてくれた野村舞に感謝した
い。

　　　2019 年 12 月　　　　　　　　　　　　　　　野村　益寛

参 考 文 献

Abrams, Richard A. and Shawn E. Christ (2003) "Motion Onset Captures Attention," *Psychological Science* 14(5), 427–432.

Aijmer, Karin (2013) *Understanding Pragmatic Markers: A Variational Pragmatic Approach*, Edinburgh University Press, Edinburgh.

Allan, Keith (1980) "Nouns and Countability," *Language* 56, 541–567.

Allan, Keith (2001) *Natural Language Semantics*, Blackwell, Oxford.

安藤貞雄 (2005)『現代英文法講義』開拓社, 東京.

クリストファー・バーナード (2013)『句動詞の底力』プレイス, 東京.

Berk, Lynn M. (1999) *English Syntax: From Word to Discourse*, Oxford University Press, New York / Oxford.

Berry, Roger (1993) *Collins COBUID English Guides 3: Articles*, Harper-Collins Publishers, London.

Berry, Roger (2012) *English Grammar—A Resource Book for Students*, Routledge, London and New York.

Biber, Douglas, Stig Johansson, Geoffrey Leech, Susan Conrad and Edward Finegan (1999) *Longman Grammar of Spoken and Written English*, Longman, London.

Birner, Betty J. (2018) *Language and Meaning*, Routledge, London and New York.

Birner, Betty and Gregory Ward (1994) "Uniqueness, Familiarity, and the Definite Article in English," *BLS* 20, 93–102.

Birner, Betty J. and Gregory Ward (1998) *Information Status and Noncanonical Word Order in Engish*, John Benjamins, Amsterdam / Philadelphia.

Bloomfield, Leonard (1933) *Language*, George Allen & Unwin, London.

Bolinger, Dwight (1971) *The Phrasal Verb in English*, Harvard University Press, Cambridge, MA.

Bolinger, Dwight (1975) "On the passive in English," *The First LACUS Forum*, 57–80, Hornbeam Press, Columbia, SC.

Brown, Gillian and George Yule (1983) *Discourse Analysis*, Cambridge

University Press, Cambridge.

Carey, Kathleen (1995) "Subjectification and the Development of the English Perfect," *Subjectivity and Subjectivisation*, ed. by Dieter Stein and Susan Wright, 83–102, Cambridge University Press, Cambridge.

Carter, Ronald and Michael McCarthy (2006) *Cambridge Grammar of English*, Cambridge University Press, Cambridge.

Clark, Herbert H. (1977) "Bridging," *Thinking: Readings in Cognitive Science*, ed. by P. Wason and P. Johnson-Laird, 411–420, Cambridge University Press, Cambridge.

Coates, Jennifer (1983) *The Semantics of the Modal Auxiliaries*, Croom Helm, London.

Comrie, Bernard (1976) *Aspect*, Cambridge University Press, Cambridge.

Comrie, Bernard (1985) *Tense*, Cambridge University Press, Cambridge.

Creider, Chet A. (1979) "On the Explanation of Transformations," *Syntax and Semantics*, Volume 12: *Discourse and Syntax*, ed. by Talmy Givón, 3–21, Academic Press,   .

Cruse, Alan (2011) *Meaning in Language: An Introduction to Semantics and Pragmatics*, 3rd ed., Oxford University Press, Oxford.

Dancygier, Barbara and Eve Sweetser (2014) *Figurative Language*, Cambridge University Press, Cambridge.

Declerck, Renaat (1991) *A Comprehensive Descriptive Grammar of English*, Kaitakusha, Tokyo.

Depraetere, Ilse and Chad Langford (2012) *Advanced English Grammar: A Linguistic Approach*, Bloomsbury, London.

Depraetere, Ilse and Chad Langford (2020) *Advanced English Grammar: A Linguistic Approach*, 2nd ed., Bloomsbury, London.

Dixon, R. M. W. (1982) "The Grammar of English Phrasal Verbs," *Australian Journal of Linguistics* 2, 1–42.

Dixon, R. M. W. (2005) *A Semantic Approach to English Grammar*, 2nd ed., Oxford University Press, Oxford.

Epstein, Richard (1997) "Roles, Frames and Definiteness," *Discourse Studies in Cognitive Linguistics*, ed. by Karen van Hoek, Andrej A. Kibrik and Leo Noordman, 53–74, John Benjamins, Amsterdam / Philadelphia.

Epstein, Richard (1999) "Roles and Non-unique Definites," *BLS* 25, 122–

133.

Epstein, Richard (2001) "The Definite Article, Accessibility, and the Construction of Discourse Referents," *Cognitive Linguistics* 12, 333-378.

Fillmore, Charles (1982) "Frame Semantics," *Linguistics in the Morning Calm*, ed. by The Linguistic Society of Korea, 111-137, Hanshin Publishing, Seoul.

Fraser, Bruce (1976) *The Verb-Particle Combination in English*, Academic Press, New York.

Fraser, Bruce (1996) "Pragmatic Markers," *Pragmatics* 6, 167-190.

Goldberg, Adele (1995) *Constructions: A Construction Grammar Approach to Argument Structure*, University of Chicago Press, Chicago and London.

Hawkins, John (1978) *Definiteness and Indefiniteness: A Study in Reference and Grammaticality Prediction*, Croom Helm, London.

Herskovitz, Annette (1986) *Language and Spatial Cognition: An Interdisciplinary Study of the Prepositions in English*, Cambridge University Press, Cambridge.

Hewings, Martin (2013) *Advanced Grammar in Use*, 3rd ed., Cambridge University Press, Cambridge.

樋口昌幸 (2003)『例解　現代英語冠詞事典』大修館書店，東京.

Hilpert, Martin (2014) *Construction Grammar and Its Application to English*, Edinburgh University Press, Edinburgh.

本多啓 (2006)「助動詞の Can の多義構造――〈能力可能〉と〈状況可能〉の観点から」『英語青年』10 月号，42-44.

Horn, Laurence. R. (1991) "Given as New: When Redundant Affirmation Isn't," *Journal of Pragmatics* 15, 313-336.

Hornby, A. S. (1975) *Guide to Patterns and Usage in English*, 2nd ed., Oxford University Press, Oxford.

Huddleston, Rodney and Geoffrey K. Pullum (2005) *A Student's Introduction to English Grammar*, Cambridge University Press, Cambridge.

池上嘉彦 (1981)『「する」と「なる」の言語学』大修館書店，東京.

池上嘉彦 (2007)『日本語と日本語論』ちくま学芸文庫，東京.

柏野健次 (2002)『英語助動詞の語法』研究社，東京.

214

Keene, Dennis and Tamotsu Matsunami (1969) *Problems in English: An Approach to the Real Life of the Language*, Kenkyusha, Tokyo.

Kennedy, A. G.（著），小西友七（訳）（1958 [1920]）『近代英語の動詞副詞結合』研究社，東京

久野暲・高見健一（2007）『英語の構文とその意味』開拓社，東京.

久野暲・高見健一（2009）『謎解きの英文法　単数か複数か』くろしお出版，東京.

久野暲・高見健一（2013a）『謎解きの英文法　省略と倒置』くろしお出版，東京.

久野暲・高見健一（2013b）『謎解きの英文法　時の表現』くろしお出版，東京.

Lakoff, George and Mark Johnson (1980) *Metaphors We Live By*, University of Chicago Press, Chicago and London.

Lakoff, Robin (1970) "Tense and Its Relation to Participants," *Language* 46, 838–849.

Lakoff, Robin (1972) "Language in Context," *Language* 48, 907–927.

Larkin, Don (1976) "Some Notes on English Modals," *Syntax and Semantics* 7: *Notes from the Linguistic Underground*, ed. by James D. McCawley, 387–398, Academic Press, New York.

Langacker, Ronald W. (1987) *Foundations of Cognitive Grammar*, Vol. I, Stanford University Press, Stanford.

Langacker, Ronald W. (1990) *Concept, Image, and Symbol*, Mouton de Gruyter, Berlin / New York.

Langacker, Ronald W. (1991) *Foundations of Cognitive Grammar*, Vol. II, Stanford University Press, Stanford.

Langacker, Ronald W. (2008) *Cognitive Grammar: A Basic Introduction*, Oxford University Press, Oxford.

Langacker, Ronald W. (2009) *Investigations in Cognitive Grammar*, Mouton de Gruyter, Berlin / New York.

Langacker, Ronald W. (2015) "On Grammatical Categories," *Journal of Cognitive Linguistics* 1, 44–79.

Lee, David (2001) *Cognitive Linguistics: An Introduction*. Oxford University Press, Melbourne.

Leech, Geoffrey (1969) *Towards a Semantic Description of English*, Longmans, London.

Leech, Geoffrey and Jan Svartvik (2002) *A Communicative Grammar of English*, 3rd ed., Longman, London.

Linder, Sue (1982) "What Goes Up Doesn't Necessarily Come Down: The Ins and Outs of Opposites," *CLS* 18, 305–323.

Lohse, Barbara, John A. Hawkins and Thomas Wasow (2004) "Domain Minimization in English Verb-particle Constructions," *Language* 80, 238–261.

Matsui, Tomoko (2000) *Bridging and Relevance*, John Benjamins, Amsterdam / Philadelphia.

三原健一 (1997)「動詞のアスペクト構造」『ヴォイスとアスペクト』，鷲尾龍一・三原健一，研究社，東京.

McCawley, James D. (1981) "Notes on the English Present Perfect," *Australian Journal of Linguistics* 1, 81–90.

Morgan, Pamela S. (1997) "Figuring Out *figure out*: Metaphor and the Semantics of the English Verb-particle Construction," *Cognitive Linguistics* 8, 327–357.

毛利可信 (1987)『英語再アタック　常識のウソ』駿々堂出版，東京.

Murphy, M. Lynne (2010) *Lexical Meaning*, Cambridge University Press, Cambridge.

Murphy, Raymond (2019) *English Grammar in Use*, 5th ed., Cambridge University Press, Cambridge.

中島平三 (2006)『スタンダード英文法』大修館書店，東京.

中尾俊夫・児馬修 (編) (1990)『歴史的にさぐる　現代の英文法』大修館書店，東京.

中右実 (2018)『英文法の心理』開拓社，東京.

Palmer, F. R. (1987) *The English Verb*, 2nd ed., Longman, London and New York.

Palmer, R. R. (1990) *Modality and the English Modals*, 2nd ed., Longman, London and New York.

Panther, Klaus-Uwe and Linda Thornburg (1999) "The Potentiality for Actuality Metonymy in English and Hungarian," *Metonymy in Language and Thought*, ed. by Klaus-Uwe Panther and Günter Radden, 333–357, John Benjamins, Amsterdam / Philadelphia.

マーク・ピーターセン (1988)『日本人の英語』岩波新書，東京.

マーク・ピーターセン (1990)『続　日本人の英語』岩波新書，東京.

216

マーク・ピーターセン（2010）『日本人が誤解する英語』光文社文庫，東京.

Prince, Ellen（1982）"The Simple Futurate: Not Simply Progressive Futurate Minus Progressive," *CLS* 18, 453–463.

Quirk, Randolph, Sidney Greenbaum, Geoffrey Leech and Jan Svartvik（1972）*A Grammar of Contemporary English*, Longman, London.

Quirk, Randolph, Sidney Greenbaum, Geoffrey Leech and Jan Svartvik（1985）*A Comprehensive Grammar of the English Language*, Longman, London.

Radden, Günter and René Dirven（2007）*Cognitive English Grammar*, John Benjamins, Amsterdam/Philadelphia.

Ransom, Evelyn N.（1977）"Definiteness, Animacy, and NP Ordering," *BLS* 3, 418–429.

Rice, Sally（1987）"Towards a Transitive Prototype: Evidence from Some Atypical English Passives," *BLS* 13, 422–434.

Sandra, Dominiek and Sally Rice（1995）"Network Analyses of Prepositional Meaning: Mirroring whose Mind—the Linguist's or the Language User's," *Cognitive Linguistics* 6, 89–130.

Schourup, Lawrence, 和井由紀子（1988）*English Connectives*, くろしお出版，東京.

Schwenter, Scott A. and Elizabeth Closs Traugott（2000）"Invoking Scalarity: The Development of *in fact*," *Journal of Historical Pragmatics* 1, 7–25.

清水啓子（2013）「「行為解説」の進行形に関する認知言語学的考察――行為と意図のメトニミー関係から――」『熊本県立大学文学部紀要』19, 95–118.

シグリッド・H・塩谷（2000）『アメリカの子供はどう英語を覚えるか』祥伝社，東京.

Swan, Michael（2005）*Practical English Usage*, 3rd ed., Oxford University Press, Oxford.

Swan, Michael（2016）*Practical English Usage*, 4th ed., Oxford University Press, Oxford.

Sweetser, Eve（1990）*From Etymology to Pragmatics: Metaphorical and Cultural Aspects of Semantic Structure*, Cambridge University Press, Cambridge.

高見健一（2011）『受身と使役』開拓社，東京.

Talmy, Leonard (2000) *Toward a Cognitive Semantics, Vol. I: Concept Structuring Systems*, MIT Press, Cambridge, MA.

田中美知太郎 (2014)『ロゴスとイデア』文藝春秋, 東京.

デイビッド・セイン, 小池信孝 (2011)『ネイティブならそうは言わない 日本人が習わない英語』ディスカヴァー・トゥエンティワン, 東京.

Thomson, A. J. and A. V. Martinet (1986) *A Practical English Grammar*, 4th ed., Oxford University Press, Oxford.

Tomlin, Russell S. (1995) "Focal Attention, Voice, and Word Order: An Experimental, Cross-linguistic Study," *Word Order in Discourse*, ed. by Pamela Downing and Michael Noonan, 517–554, John Benjamins, Amsterdam / Philadelphia.

Tomlin, Russell S. (1997) "Mapping Conceptual Representations into Linguistic Representations: The Role of Attention in Grammar," *Language and Conceptualization*, ed. by Jan Nuyts and Eric Pederson, 162–189, Cambridge University Press, Cambridge.

Traugott, Elizabeth Closs (1999) "The Rhetoric of Counter-expectation in Semantic Change: A Study in Subjectification," *Historical Semantics and Cognition*, ed. by Andreas Blank and Peter Koch, 177–196, Mouton de Gruyter, Berlin.

Tyler, Andrea and Vyvyan Evans (2003) *The Semantics of English Prepositions: Spatial Scenes, Embodied Meaning and Cognition*, Cambridge University Press, Cambridge.

内木場努 (2004)『「こだわり」の英語語法研究』開拓社, 東京.

鷲尾龍一 (1997)「他動性とヴォイスの体系」『ヴォイスとアスペクト』, 鷲尾龍一・三原健一, 研究社, 東京.

Wierzbicka, Anna (1988) *The Semantics of Grammar*, John Benjamins, Amsterdam / Philadelphia.

Yule, George (1998) *Explaining English Grammar*, Oxford University Press, Oxford.

索　引

1. 事項をあいうえお順に並べてある。
2. 数字はページ数字を示し，ff は次ページ以降にも続くの意味を
   表す。

218

野村　益寛　（のむら　ますひろ）

　1963 年東京生まれ。1990 年東京大学大学院人文科学研究科英語英文学専攻修士課程修了，2000 年カリフォルニア大学サンディエゴ校大学院言語学科博士課程修了（Ph.D.）。現在，北海道大学文学部・大学院文学研究院教授。専門は英語学・認知言語学。

　主な業績として，『ファンダメンタル認知言語学』（単著，2014，ひつじ書房），『認知言語学とは何か』（共編著，2018，くろしお出版），『認知言語学大事典』（共編著，2019，朝倉書店）などがある。

英文法の考え方
── 英語学習者のための認知英文法講義 ──
　　　　　　　　　　　　　　　　　　　　　　　<開拓社
　　　　　　　　　　　　　　　　　　　　　　　言語・文化選書 87>

2020 年 9 月 26 日　　第 1 版第 1 刷発行
2021 年 5 月 19 日　　　　　第 2 刷発行

著作者　　野 村 益 寛
発行者　　武 村 哲 司
印刷所　　日之出印刷株式会社

発行所　　株式会社　開 拓 社

〒112-0013　東京都文京区音羽 1-22-16
電話　（03）5395-7101（代表）
振替　00160-8-39587
http://www.kaitakusha.co.jp